La coopération intra-africaine

Étude à l'aune de l'accord portant création de la zone de libre-échange continentale africaine

Logiques Juridiques

Fondée par Gérard Marcou
Dirigée par Jean-Claude Némery et Thomas Perroud

Le droit n'est pas seulement un savoir, il est d'abord un ensemble de rapports et pratiques que l'on rencontre dans presque toutes les formes de sociétés. C'est pourquoi il a toujours donné lieu à la fois à une littérature de juristes professionnels, produisant le savoir juridique, et à une littérature sur le droit, produite par des philosophes, des sociologues ou des économistes notamment.

Parce que le domaine du droit s'étend sans cesse et rend de plus en plus souvent nécessaire le recours au savoir juridique spécialisé, même dans des matières où il n'avait jadis qu'une importance secondaire, les ouvrages juridiques à caractère professionnel ou pédagogique dominent l'édition, et ils tendent à réduire la recherche en droit à sa seule dimension positive. À l'inverse de cette tendance, la collection « Logiques juridiques » des éditions L'Harmattan est ouverte à toutes les approches du droit. Tout en publiant aussi des ouvrages à vocation professionnelle ou pédagogique, elle se fixe avant tout pour but de contribuer à la publication et à la diffusion des recherches en droit, ainsi qu'au dialogue scientifique sur le droit. Comme son nom l'indique, elle se veut plurielle.

Dernières parutions

Élise FRAYSSE, L'Etat dans la construction doctrinale du droit administratif, Tome 1, 2022.
Élise FRAYSSE, L'Etat dans la construction doctrinale du droit administratif, Tome 2, 2022.
Nabil MOUNIR, *La liberté d'expression publicitaire, Réflexions critiques*, 2022.
Jacques DELGA, *L'association syndicale libre (ASL). Un mode de gestion alternative de la copropriété*, 2022.
Mon-espoir MFINI, *Droit des affaires : instruments de crédit et de paiement*, 2022.

Benjamin ALLAHAMNE MINDA

La coopération intra-africaine

Étude à l'aune de l'Accord portant création de la zone de libre-échange continentale africaine

Préface de Sandrine CORTEMBERT

L'Harmattan

5-7, rue de l'École-Polytechnique – 75005 Paris
www.editions-harmattan.fr
ISBN : 978-2-14-026235-7
EAN : 9782140262357

Sommaire

Dédicace

A mon père MBAIAMNODJI BEINDE Benjamin à titre posthume

A ma Mère NODJITI Martine

Mes frères et sœurs depuis le Tchad, ma terre natale

Naissem Germaine

Tikoula Beindé Jospeh

Asra Beindé Ben

Denèmande Beindé

Allarassem Madiyam Mathilde

Remerciements

Je voudrais avant toutes choses rendre grâce et gloire à Dieu pour la réalisation de ce travail.

Mes remerciements et grandes considérations pour Madame Sandrine CORTEMBERT BARRIERE, celle qui au-delà d'être un excellent encadrant, a su me communiquer des valeurs du travail, de respect, d'impartialité, de probité, et de diligence par son caractère et son suivi. Je suis honoré de l'avoir eu à mes côtés dans le cadre de la rédaction de ce mémoire.

Ma gratitude au Professeur LAVAL Pierre-François, Agrégé et Professeur des Universités qui m'a fait l'honneur d'apprécier la qualité du travail en tant que membre du jury de mémoire d'abord, puis encadrant actuel dans le cadre de ma thèse de doctorat en cours.

Ma reconnaissance à ma grande et cousine bien aimée Modeste NGUERDE pour son soutien moral ; Merci au grand frère Sadate, doctorant en droit international qui m'a beaucoup aidé par ses conseils méthodologiques dans la réalisation de ce travail ainsi qu'à Criss Dongar Bienvenue, Doctorant au Laboratoire EDIEC de Lyon 3.

Merci au corps enseignant et administratif de l'Université Lyon 3 Jean Moulin pour avoir mis à ma disposition les outils de travail nécessaire à la réflexion et à l'analyse de mes travaux.

Liste des abréviations, sigles et acronymes

I. Institutions, organisations internationales et traités

- ACP : Afriques Caraïbes et du Pacifiques
- ACR : Accords Commerciaux Régionaux
- AFDI : Annuaire Français de Droit International
- AGCS : Accord Général sur le Commerce des Services
- AGUN : Assemblée Générale des Nations Unies
- AHG : Assembly of Head of State and Government (of AU) / Assemblée Générale des Chefs d'Etats de l'UA
- ALENA : Accord de Libre-échange Nord-Américain
- APE : Accords de Partenariat Economiques
- AZLECAf : Accord portant création de la Zone de Libre-échange Continentale
- BAD : Banque Africaine de Développement
- BCEAO : Banque Centrale des Etats de l'Afrique de l'Ouest
- CAE : La Communauté d'Afrique de l'Est
- CDI : Commission du Droit International
- CEA : Communauté Economique Africaine
- CECA : Communauté Européenne du Charbon et de l'Acier
- CEDEAO : Communauté Economique des Etats de l'Afrique de l'Ouest
- CEDH : Cour européenne des droits de l'Homme
- CEEAC : Communauté des Etats de l'Afrique Centrale
- CEMAC : Communauté Economique des États de l'Afrique Central
- CEN-SAD : Communauté des États Sahélo-sahariens
- CER : Communautés Economiques Régionales
- CIJ : Cour Internationale de Justice
- CJCE : La Cour de Justice des Communautés Européennes (actuelle CJUE)
- COMESA : Le Marché commun de l'Afrique de l'Est et de l'Afrique australe
- CPJI : Cour Permanente de Justice Internationale

- CPS UA : Conseil de Paix et de Sécurité de l'Union Africaine
- CVDT : Convention de Vienne sur le Droit des Traités
- DUDH : Déclaration Universelle des Droits de l'Homme
- GATT : Accord Général sur les Tarifs Douaniers et le Commerce
- IGAD : L'Autorité intergouvernementale pour le développement
- MERCOSUR : Marché Commun du Sud
- OA : Organe d'Appel
- OCDE : Organisation de Coopération et de Développement Economique
- OI : Organisation Internationale
- OIG : Organisation Intergouvernementale
- OIR : Organisation Internationale Régionale
- OMC : Organisation Mondiale du Commerce
- ONU : Organisation des Nations Unies
- ORD : Organe de Règlement des Différends
- OUA : Organisation de l'Unité Africaine
- PCADHP : Protocole relatif à la Charte africaine des droits de l'Homme et des peuples
- PIDCP : Pacte International des Droits Civils et Politiques
- PMI : Programme Minimum d'Intégration de l'Union Africaine
- RCADI : Recueil des Cours de l'Académie de Droit International
- RES : Résolution (Généralement Résolutions adoptées par l'Assemblée des Chefs d'Etat de l'UA ou de l'AGUN)
- SADC : La Communauté de développement de l'Afrique australe
- TEC : Tarif Extérieur Commun
- UA : Union Africaine
- UE : Union Européenne

- ➲ NEPAD : Nouveau Partenariat pour le Développement de l'Afrique
- ➲ UEMOA : Union Economique et Monétaire d'Afrique Centrale
- ➲ UMA : L'Union du Maghreb Arabe
- ➲ ZLE : Zone de Libre-échange
- ➲ ZLEC[1] : Zone de Libre-échange Continentale
- ➲ ZLECAf[2] : Zone de Libre-échange Continentale Africaine
- ➲ APSA : Architecture africaine de paix et de sécurité

II. Locutions latines et autres abréviations

- ⇒ *Ibid.* : Cité dans la source précédente
- ⇒ *Infra.* : Voir plus bas
- ⇒ *Op. cit.* : opus citatum (œuvre citée)
- ⇒ *P.* : Page
- ⇒ *Pp.* : Pages
- ⇒ *Supra.* : Voir plus haut
- ⇒ *Vol.* : Volume
- ⇒ *Voy.* : Voyez
- ⇒ § et/ ou p. : Paragraphe
- ⇒ §§ : Paragraphes

---

[1] Cet acronyme sera aussi utilisé pour désigner la ZLECAf au sens plus général de Zone de libre-échange.

[2] Acronyme utilisé successivement dans le travail pour désigner la « Zone de Libre-échange Continentale Africaine ». Le « **f** » en minuscule complète le « **A** » de « **Afrique** », cela permet simplement de qualifier la zone de libre-échange comme étant « Africaine ».

Résumé

La coopération internationale est une variante des relations internationales très tôt adoptée par les pays africains après les indépendances. Au départ, l'ensemble des discours étaient axés sur une coopération à visée protectionniste et indépendantiste. Il s'agissait de lutter contre la colonisation et ses méfaits en se réunissant sous la bannière d'organisations d'intégrations régionales.

L'Organisation de l'Unité Africaine sera fondée conformément à cette vision en 1963. On a estimé d'ailleurs que les Etats africains étaient les nouveaux sur la scène internationale, mais ce sont les derniers qui ont osé des paris énormes en termes d'objectifs à visées intégratives. La solidarité est traditionnelle chez l'Africain, et le désir de côtoyer l'autre aussi. Cependant, le continent fait face à d'innombrables difficultés économiques. Cela va conduire l'OUA à vouloir créer une Communauté Economique Africaine en 1991. Ce fut un pari osé, mais qui était resté lettre morte.

La mutation à l'Union africaine en 2000 va rendre les questions économiques plus pertinentes en termes de préoccupations. Ce qui conduira l'organisation à envisager une coopération plus renforcée dans le domaine par l'établissement de la Zone de Libre-échange Continentale Africaine (ZLECAf). Le présent mémoire envisage d'analyser l'ensemble des contours juridiques, institutionnels et les défis de cette zone tant du point de vue du droit international général, que du droit régional africain.

Abstract

International cooperation is a variant of international relations very early adopted by African countries after independence. Initially, all of the speeches focused on protectionist and independence-oriented cooperation. It was about fighting against colonization and its evils by coming together under the banner of regional integration organizations.

The Organization of African Unity will be founded in accordance with this vision in 1963. It has also been considered that the African States were the new ones on the international scene, but it is the last who dared huge bets in terms of integrative objectives. Solidarity is traditional among Africans, and the desire to rub shoulders with others too. However, the continent faces countless economic difficulties. This will lead the OAU to want to create an African Economic Community in 1991. It was a daring gamble, but one that went unheeded.

The transfer to the African Union in 2000 will make economic issues more relevant in terms of concern. This will lead the organization to consider more enhanced cooperation in the field through the establishment of the African Continental Free Trade Area (AfCFTA). This brief intends to analyze the entire legal, institutional and challenges of this area from the point of view of general international law, as well as of African regional law.

Préface

Le présent ouvrage est issu d'un mémoire de recherches de master 2 de droit international public. Sa publication revêt un fort intérêt en raison de l'importance du sujet traité et de la démarche pédagogique entreprise par son auteur.

Les zones de libre-échange sont devenues depuis quelques années des réalisations courantes permettant de faciliter les échanges commerciaux entre des États mais aussi entre des blocs commerciaux déjà constitués. Si les écrits sont abondants sur les différentes formes d'intégrations régionales africaines, qu'il s'agisse de les appréhender par rapport au système commercial multilatéral ou par rapport aux zones géographiques couvertes, la doctrine française fait encore peu état de la nouvelle stratégie commerciale impulsée par l'Union africaine et qui vise à établir l'un des plus importants blocs commerciaux mondiaux. La conclusion de l'accord établissant la zone de libre-échange continentale africaine (ZLECAf), saluée par les hautes instances internationales est pourtant un événement qui entend marquer l'histoire de l'Afrique du XXIe siècle avec la poursuite d'une ambitieux projet. Celui-ci entend engager les États africains dans une perspective de développement économique et commercial inédite qui permettrait d'utiliser l'arme commerciale en tant que promotion de la paix et de la stabilité. L'ouvrage de Monsieur Benjamin ALLAHAMNE MINDA présente l'intérêt de démontrer toute l'importance du projet qui à terme poursuit l'objectif d'établir une union douanière entre tous les États africains.

L'accord, qui a été conclu le 21 mars 2018, est entré en vigueur le 30 mai 2019. Toutefois, le libre-échange a officiellement débuté le 1er janvier 2021. Il s'agit là d'une transformation radicale des relations structurelles et commerciales des États africains. L'accord qui donne forme à cette zone de libre-échange est parfaitement résumé par Monsieur Benjamin ALLAHAMNE MINDA en ces termes : il s'agit d'un *« accord qui vise à accélerer considérablement la croissance du commerce intra-africain et à utiliser plus efficacement le commerce comme moteur de croissance et de développement durable en doublant le commerce intra-africain, en renforçant la voix commune de l'Afrique et son espace politique dans les négociations commerciales internationales ».*

L'ouvrage est divisé en deux parties qui font suite à une introduction très structurée, démontrant la maîtrise de l'explication par l'auteur. Ainsi, les différents termes importants pour la compréhension sont définis afin de rendre la lecture plus aisée pour les non spécialistes des mécanismes d'intégrations régionales. La problématique est ensuite posée toujours dans une démarche analytique l'accord. S'agit-il véritablement *« d'un instrument de renforcement de la coopération africaine ? ».*

Pour répondre à cette question, l'auteur axe son développement sur deux parties. Dans la première, il prend en considération *« l'ambition »* de l'accord en la confrontant avec l'objectif d'établir une coopération renforcée. Il s'agit ici de développer à la fois les fondements de l'accord, les principes qui le gouvernent tout en mettant en valeur la structure organique indispensable à son bon fonctionnement, à son évolution et bien entendu au règlement d'éventuels litiges susceptibles d'opposer les États participants.

Dans une deuxième partie, l'auteur met en relief les nombreux défis que doivent relever les États africains. Cette analyse permet de contrebalancer en quelque sorte les atouts et les forces de la coopération renforcée par l'étude réaliste des différentes situations handicapant l'application intégrale de l'accord ainsi que son évolution vers une union douanière. Les éléments explicatifs relatifs à l'affiliation d'États africains à des procédés d'intégration sous-régionale, les Communautés économiques régionales (CER), seront assurément forts appréciés du lecteur qui parviendra à mieux comprendre les conséquences préjudiciables de ceux-ci sur l'application de l'accord. Monsieur Benjamin ALLAHAMNE MINDA est très précis dans son analyse de *« l'effet pervers »* de la dispersion des États dans les CER.

Quant à l'opérationnalisation de l'accord, les difficultés qu'elle rencontre sont, à mon sens, remarquablement décortiquées. La complexité du continent africain marquée par une importante instabilité est expliquée par la prise en considération des enjeux majeurs liés aux problématiques des droits de l'homme, du terrorisme, de la sécurisation des échanges et de la responsabilité des entreprises à l'égard des populations.

L'ouvrage de Monsieur Benjamin ALLAHAMNE MINDA présente un réel apport à la connaissance de l'intégration des États africains qui cherchent, en réalité, à concevoir une coopération protéiforme entre eux en empruntant des mécanismes communs du droit international général et du droit du commerce international mais aussi du droit de l'Union européenne avec laquelle ils sont liés.

L'analyse présentée a le mérite de ne pas proposer au lecteur une vision idéaliste de l'intégration régionale africaine en mettant clairement en exergue l'ensemble des points de blocage et les difficultés rencontrées. Cette étude rompt par ailleurs avec la traditionnelle approche de la situation économique et commerciale de l'Afrique qui entend bien utiliser le commerce comme facteur de développement et de réduction de la pauvreté.

C'est donc avec beaucoup d'enthousiasme que je préface cette étude qui détaille avec précision une nouvelle approche du développement économique de l'Afrique.

Sandrine CORTEMBERT

Maître de Conférences de droit public à la Faculté de droit Jean Moulin, Lyon 3.

Introduction

« *La coopération édifie des nations, tandis que l'isolationnisme les déchire* [3]», c'est en ces termes que lors du 32e sommet des chefs d'Etats de l'Union africaine à Addis-Abeba, Madeleine Albright, ancienne secrétaire d'Etat américaine, et Mohamed Benaïssa, ancien ministre marocain des Affaires étrangères plaidaient en faveur d'une coopération plus renforcée des Etats africains dans l'optique de faire face aux divers défis sur le continent[4].

Si « *au début de la ruée vers l'indépendance, quelques-uns des nouveaux États africains sont jaloux de leur souveraineté et tendent à exagérer le séparatisme, à un moment de l'histoire qui exige que l'Afrique soit unie pour que leur indépendance soit préservée*[5] » comme clamait Monsieur Nkrumah à l'époque, il apparait avec évidence que la coopération africaine d'aujourd'hui sous la bannière de l'Union Africaine est plus que nécessaire et ne devrait pas se cantonner seulement à des formes de concertations institutionnelles[6] accompagnées des sommets interminables sans changement réel dans la vie des peuples africains.

Longtemps laissée en marge du mouvement général de mondialisation économique à cause de sa dépendance à la tutelle coloniale, l'Afrique a été avant les années 1960 et même après son indépendance partiellement occultée comme objet d'étude au

---

[3] **Voir** [Tribune] Sommet de l'UA : pour une nouvelle ère de coopération africaine, 09 février 2019 à 10h57 | Par Madeleine Albright et Mohamed Benaissa.

[4] Migration, défis économiques entre autres.

[5] Des ouvrages tels que Kwame Nkrumah, *Le Consciencisme,* Paris, Payot, 1964, **Cité** par KADER STÉPHANE DABIRÉ dans, *Le panafricanisme : analyse de l'histoire d'un mouvement Fédéraliste*, Mémoire présenté comme exigence partielle de la maitrise en science politique, Université du Québec à Montréal, Avril 2017, P.112. Disponible sur Le panafricanisme : analyse de l'histoire d'un mouvement fédéraliste (123dok.net).

[6] Jean COMBACAU, Serge SUR, *Droit International Public*, LGDJ, Lextenso 13e éditions, 2019, p.754.

niveau des relations internationales[7]. Hegel considérait d'ailleurs que « *l'Afrique, aussi loin que remonte l'histoire, est restée fermée, sans lien avec le reste du monde ; c'est le pays de l'or, replié sur lui-même, le pays de l'enfance, qui, au-delà du jour de l'histoire consciente, est enveloppé dans la couleur noire de la nuit* [8]».

Même si « *au lendemain des indépendances (...) l'intégration économique et juridique n'a pas été perçue par les dirigeants des pays nouvellement indépendants au rang des priorités (...)* », il faut noter que « *dans la même décennie, l'Afrique se trouve confrontée à la mondialisation de l'économie et des échanges internationaux* [9]» sans avoir les moyens d'intégrer ce mouvement global. Des continents comme l'Europe étaient déjà dans un processus d'intégration assez conséquente avec la signature en 1957 du Traité de Rome instituant la Communauté économique européenne dont l'objectif est d'éliminer les « barrières qui divisent l'Europe » (plus tard devenu union européenne)[10].

---

[7] L'histoire africaine avant la seconde guerre mondiale se faisait essentiellement à l'aune de la puissance coloniale, et après la seconde guerre mondiale, la grille de lecture était tournée vers les deux blocs qui s'affrontaient. Ce qui fait que l'Afrique paraissait très marginalisée dans les relations internationales. Puis après la guerre froide, la lecture est orientée vers des questions d'inégalités, d'injustices sociales… C'est pourquoi de l'OUA à l'UA, certains ont estimé que « *rien ne préparait l'Afrique à l'émergence d'une organisation internationale (...)* ». **Voir** Blaise TCHIKAYA, *Droit de l'Union Africaine, principes, institutions et jurisprudences*, LGDJ, Lextenso éditions, 2019, p. 15, « *Lors de la signature à Syrtre de l'engagement solennel en vue de la création de l'Union Africaine le 9 Septembre 1999 et son acte constitutif fut adopté à Lomé (Togo), par 53 Etats africains (11 Juillet 2000). C'est le 9 Juillet 2002 à la conférence de de Durban (Afrique du Sud) qu'a été cependant proclamé l'Union Africaine.* »

[8] G.W.F Hegel, *In La raison dans l'histoire. Introduction à la philosophie de l'histoire*, UGE, 1965, p. 247, **Cité** par ABDOUL SALAM Bello, *La régionalisation en Afrique : essai sur le processus d'intégration et de développement*, Edition L'Harmattan, p. 9.

[9] ALHOUSSEINI Mouloul, *L'intégration économique et juridique en Afrique*, L'Harmattan, 2017, p. 15.

[10] Après l'échec d'une Communauté européenne de défense en 1954, une Communauté économique européenne (CEE) est instaurée en 1957 par le traité de Rome. La coopération économique est approfondie par l'Acte unique

Il y avait déjà une évolution marquante au niveau des échanges internationaux du fait de l'internationalisation des systèmes de production au XIXe et XXe siècle qui lia quasiment toutes les régions. Conventionnellement l'ordre économique néolibéral avait pris forme en 1944 avec les accords de Bretton-Wood dont les deux premiers piliers étaient la monnaie et les finances. Un troisième pilier était le commerce malgré la « mort » de la Charte de La Havane, le GATT de 1947 était fonctionnel et constituait un cadre des échanges assez important[11].

Ainsi, lors de la construction africaine qui s'est matérialisée par un compromis entre les idées de Monrovia et de Casablanca[12], le constat relatif aux faiblesses économiques et de développement était inévitablement un enjeu majeur qui va conduire par ailleurs l'organisation nouvellement naissante à envisager une union économique en 1991[13]. Pour certains auteurs comme Bipoun-

---

européen en 1986. En 1992, le traité de Maastricht prend la suite de l'Acte unique et institue une union politique qui prend le nom d'Union européenne et qui prévoit la création d'une union économique et monétaire dotée d'une monnaie unique : l'euro (€). Instituée en 1999, la zone euro compte dix-neuf États en 2017. De nouvelles réformes institutionnelles sont introduites en 1997 et en 2001. À la suite de l'échec d'un projet de constitution européenne après le refus par référendum des peuples français et néerlandais, les institutions sont à nouveau réformées en 2009 par le traité de Lisbonne pour y intégrer les mesures prévues par ce projet de constitution.

[11] Pour des développements historiques sur le contexte économique mondial voir Jean Jacques Roches, *Relations Internationales*, 8e Edition LGDJ, p. 255 et suiv. ; Dominique CARREAU, Patrick JUILLARD, *Droit International Economique*, LGDJ, 4e Edi., 1998., p. 49.

[12] Le groupe de Casablanca était composé d'Etats comme le Ghana qui avaient une tendance progressiste et supranationaliste de l'Afrique. Par exemple pour Nkrumah « l'union des Etats africains contribuerait à la libéralisation du continent et dynamiserait les opportunités de développement économiques ». A contrario, le groupe de Monrovia est beaucoup plus modéré et optait pour une organisation consultative interafricaine et malgache. « *La charte de l'Organisation de l'Unité Africaine* » adopté en 1963 fut à cet égard un compromis entre ces positions. L'Union Africaine viendra supplanter l'OUA avec une vision relativement plus intégrée, son acte constitutif entrera en vigueur le 21 Mai 2001. Pour aller plus loin, **voir** ABDULQAWI A. YUSUF et FATSAH OUGUERGOUZ, *L'union Africaine : cadre juridique et institutionnel*, Edition A. Pedone, p.25-27.

[13] « *L'Afrique est le premier continent à créer, en 1991, une communauté économique regroupant l'ensemble des Etats, alors qu'il est le dernier à*

Woum, la nécessité économique apparaît comme un facteur important dans la limitation de l'omnipotence et à l'idée de souveraineté des Etats dans des « *pays où l'action des structures intermédiaires ne représente encore ni un frein ni un obstacle correcteur pour l'entreprise des autorités politiques du moment*[14] ». L'impact du « développement nécessaire » est à cet effet un élément qui rend possible « *un abandon de souveraineté de la part d'Etats particulièrement jaloux, abandon indispensable pour la mise en place d'institutions interafricaines de coopération dotées de compétences spécifiques*[15] ».

L'indépendance politique n'étant pas suffisante pour garantir et promouvoir un épanouissement économique, les Etats africains devaient penser à construire un cadre pour le développement intra-africain et à ne pas espérer compter seulement sur « *le développement d'une coopération internationale fondée sur un principe d'inspiration néolibérale infléchi sous la revendication d'équité des pays en développement*[16] » pour une intégration effective au marché mondial.

émerger sur la scène internationale, puisque la majeure partie des pays africains étaient encore des territoires coloniaux au début des années 60. Par un étonnant paradoxe, ce sont les jeunes Etats d'un continent nouveau qui osent un pari que les nations plus anciennes des autres continents n'ont pas osé (...) ». **Voir** MAHIOU Ahmed, « La Communauté économique africaine », In : Annuaire français de droit international, volume 39, 1993. pp. 798.

[14] Joseph-Marie Bipoun-Woum, *Le droit international africain : problèmes généraux de règlement des conflits*, Paris Librairie Générale de droit et de jurisprudences, 1970, p. 75.

[15] *Ibid.*

[16] Mathieu CARDON, « Les accords de partenariat économique », Colloque de la SFDI, 2015, p. 171.

Les jalons ont été posés par la Conférence des Nations Unies sur le Développement en 1964 sous l'impulsions des nouveaux Etats décolonisés. Un Nouvel ordre économique s'était dessiné. Et dans le cadre des négociations du GATT, à l'issue des cycles de Tokyo 1979, il y a eu l'adoption d'une décision intitulée « Traitement différencié et plus favorable, réciprocité, et participation plus complète des pays en voie de développement » dite « clause d'habilitation », qui accorde par exemple la possibilité aux pays développés d'accorder des dérogations notamment des préférences en faveur des pays en voie de développement dans l'optique de les aider.

Sur ce même sujet Ahmed Mahiou remarque ce qui suit également « *les principes classiques régissant les relations économiques internationales, et*

L'Union Européenne qui a fait de grands pas dans ce sens, s'est fondée dans le droit communautaire aux articles 131 à 136 du Traité de Rome. Avec le Traité de Maastricht, cette question s'était érigée même au rang des objectifs de la politique étrangère et de sécurité commune de l'union. Il est stipulé dans l'article 130 dudit traité que « *la politique de la Communauté dans le domaine de la coopération au développement, qui est complémentaire de celles qui sont menées par les États membres, favorise : le développement économique et social durable des pays en développement et plus particulièrement des plus défavorisés d'entre eux ; l'insertion harmonieuse et progressive des pays en développement dans l'économie mondiale*[17] ». Néanmoins, 25 années de coopération du système Lomé a démontré un bilan mitigé, voire décevant[18].

Le Président Paul Biya s'exprimant à ce propos devant la tribune des Nations Unies estimait qu'« *en ce qui concerne la lutte contre la pauvreté, notre continent avait placé beaucoup d'espoir dans la mondialisation à laquelle il s'était rallié de bonne foi malgré les craintes légitimes qu'il pouvait nourrir à*

énoncés dans l'accord du GATT, sont la liberté des échanges, la non-discrimination et la réciprocité. L'application de ces principes dans les relations Nord-Sud ne pouvant qu'être défavorable aux plus faibles, les pays développés ont accepté, devant les revendications des pays en développement, de prévoir des correctifs susceptibles d'atténuer le déséquilibre. On a même pu parler, à ce propos, de l'avènement du principe d'inégalité compensatrice substituant le principe de l'égalité des Etats, avec pour objectif de prendre en considération le sousdéveloppement et d'inuer sur les règles et mécanismes des relations économiques internationales ». **Voir** AHMED MAHIOU, « Le cadre juridique de la coopération Sud-Sud Quelques expériences ou tentatives d'intégration », RCADI, Volume 241, p. 35.

[17] Ex-article 130 U du Titre XVII « Coopération au développement », tel qu'inséré par l'article G point 38), du TUE. Avec le Traité révisé à Nice, c'est le Titre XX intitulé « Coopération et Développement » qui reprend cet objectif dans son article 177.

[18] « *La convention de Lomé reposait sur le postulat d'une progression parallèle des différents pays vers le développement. Force est de constater que cet espoir ne s'est pas concrétisé. Les pays ACP (...) demeurent les laissés pour compte du mouvement de mondialisation* ». **Voir** Mathieu CARDON, *Op., cit.,* p. 176.

l'égard de la globalisation des échanges. Force est de reconnaître que ces espoirs ont été déçus[19] ».

L'appel à une dynamisation de la coopération intra-africaine est aussi daté que celui de la fondation de l'organisation panafricaine : « *le partisan le plus ardent de la fédération était le chef d'Etat du Ghana, Kwame N'Krumah, qui avait plaidé la cause des Etats-Unis d'Afrique ; en partant d'un constat, celui des faiblesses économiques, politiques et diplomatiques de la plupart des jeunes Etats, il estimait urgent de réaliser l'unité politique, car celle-ci est un préalable nécessaire à tout autre progrès sur le continent (...)*[20] ». Certes la sortie des indépendances n'a pas permis une grande maturité des Etats pour envisager l'hypothèse d'une intégration politique comme l'aurait souhaité N'Kruman, néanmoins depuis l'avènement de l'OUA devenue UA, il est à signaler que la volonté politique générale reconnait une nécessité de coopérer au-delà des formes actuelles.

Le préambule même de l'Acte constitutif de l'UA parle d'une coopération entre Etats et même entre peuples d'Afrique[21]. Cependant cette approche est restée figée à des formes de concertations générales aux différents sommets des chefs d'Etats de l'UA depuis le traité d'Abuja qui est ambitieux pour une intégration économique effective des Etats africains, considérant que le continent regorge de ressources naturelles pouvant assurer son développement. Bien qu'étant loin des objectifs voulus, l'intégration a été très tôt au cœur du processus de coopération africaine[22].

---

19 Joseph MBITA, *L'Afrique face aux accords de partenariat économique avec l'Europe*, L'Harmattan, 2014, p. 12.

20 Mahiou Ahmed, « La Communauté économique africaine », *op. cit.* p. 799.

21 Préambule de l'Acte constitutif de l'UA 11 Juillet 2000.

22 Nous citons entre autres les Résolutions et Déclarations d'Alger de 1968 et les Déclarations d'Addis-Abeba de 1970 et 1973, reconnaissant l'intégration économique du Continent comme une condition préalable à la réalisation de l'OUA ; Le Plan d'action de Lagos pour le développement économique de l'Afrique 1980-2000 ; enfin le traité d'Abuja

Le XXI[e23] va marquer un tournant décisif dans la continuité de ce qui est contenu dans la lettre et l'esprit du traité d'Abuja. En 2012, les Etats africains s'étaient fixés comme objectif de créer une zone de libre-échange qui devrait être opérationnelle en 2017[24]. Cet engagement politique sera repris en 2015[25] finalement pour enclencher le processus des négociations sur la mise en place de cette zone dont l'accord a été conclu le 21 Mars 2018, puis entré en vigueur le 30 Mai 2019. Cet accord vise à accélérer considérablement la croissance du commerce intra-africain et à utiliser plus efficacement le commerce comme moteur de croissance et de développement durable en doublant le commerce intra-africain, en renforçant la voix commune de l'Afrique et son espace politique dans les négociations commerciales mondiales.

Selon Pillet, « *le commerce est un pur fait, mais un fait qui a donné naissance au droit international tout entier* [26]». L'Afrique quant à elle « *has a long and rich history of trade which goes back to the beginning of humanity. Archaeologists have found evidence of trade in luxury items such as precious metals and shells across the entire continent. At that time, the main challenges were natural barriers and modes of transport. The ancient trade routes show that goods were exchanged all across the continent with major trade centers developing in cities such*

---

[23] À l'aube du XXIe siècle, trois décisions importantes ont considérablement renforcé le mouvement vers l'objectif de l'intégration politique et économique panafricaine. La première était la décision de transformer l'OUA en Union africaine (UA) en 2001 et la seconde était la décision d'accélérer la création de la zone de libre-échange continentale africaine en 2012. La troisième a été l'adoption, en janvier 2015, de l'Agenda 2063 : L'Afrique que nous voulons, qui résume la vision panafricaine d'une « Afrique intégrée, prospère et pacifique, animée par ses propres citoyens, représentant une force dynamique sur la scène internationale ». **Voir** le document sur la Journée d'intégration africaine, disponible sur le site de l'UA : 7 juillet 2020. Journée de l'intégration Africaine. Brochure sur la commermoration de la journée de l'integration Africaine (au.int).

[24] Décision Assembly/AU/Dec.394(XVIII).

[25] Décision Assembly/AU/Dec.569-587(XXV) ; Assembly/AU/Decl.1-6(XXV) Assembly/AU/Res.1(XXV).

[26] **Cité** par Dominique CARREAU, Patrick JUILLARD, *Droit International Economique*, Dalloz, 6e éd., 2017, p. 2.

as Timbuktu, Gao and Agadez[27] ». L'accord portant creation de la ZLECAf vient pour répondre et essayer de relever le deficit « *(of) Inter-African trade (that) remains very low compared to other continents, and administrative, legal and political barriers add to the purely geographical ones*[28] ».

Il est de ce fait indispensable dans le cadre de la présente étude portant sur « la coopération intra-africaine à l'aune de l'Accord portant création de la Zone de Libre-échange continentale africaine », de clarifier les concepts entourant la thématique (**1**) car « *le chercheur prudent indiquera la définition adoptée pour les concepts qu'il utilise*[29] », et que l'analyse que se propose le présent mémoire ira potentiellement au-delà du cadre purement juridique.

Il s'agira d'une « *réflexion juridique impure c'est-à-dire qu'elle adjoindra aux apports de l'analyse juridique les apports des autres analyses de nature économique, sociologique, politique et historique qui viennent féconder et enrichir les instruments juridiques pour éclairer et rendre compréhensible (...)* [30]» la coopération intra-africaine via l'accord sur la zone de libre-échange. Ensuite dans l'optique de rendre plus précis notre travail, la délimitation du sujet pour une approche plus rigoureuse de la thématique s'imposera comme un préalable (**2**) avant de poser la problématique (**3**) qui est une sorte de « *formulation de l'hypothèse de travail qui sera testée tout au*

---

[27] *A brief introduction to the history of Trade in Africa*, see Loana Lungu Marion Jabot, Creating One Africa Market, Published by Deutsche Gesellschaft für Internationale Zusammenarbeit (GIZ) GmbH, **Document n°6** consultable sur le site https://www.africatradeagreements.tn/fr/webinaire?fbclid=IwAR1CB8jTsiGWxJ8RJYR4kbzVoHOxtpH7gTWoIhN0GgKnVvcrCiWF1IYxGgI.

[28] *Ibid.*

[29] Madeleine GRAWITZ, *Méthodes des sciences sociales*, 11e éd., Paris, Dalloz, 2001, p. 385.
« Le savant doit d'abord définir les choses dont il traite afin que l'on sache bien de quoi il est question »., *Ibid.* p. 398.

[30] AHMED MAHIOU, « Le cadre juridique de la coopération Sud-Sud Quelques expériences ou tentatives d'intégration », *op. cit.* p. 30.

long de l'étude, hypothèse en l'absence de laquelle le lecteur sera bien en mal de saisir l'originalité du travail[31] ».

Pour finir une annonce de plan pouvant donner un aperçu sur les réponses à l'hypothèse formulée précédemment sera indiquée (**4**).

1) Définition de concepts

Au regard de la thématique qui est abordée, il paraît important de clarifier les notions suivantes en vue de les contextualiser : « ***la coopération*** » (**1.1**), la notion d'« ***accord*** » en droit (**1.2**) et enfin que signifie une « ***Zone de libre-échange*** » (**1.3**).

1.1. Coopération :

La coopération désigne l'action de coopérer, de travailler de manière conjointe. Notion très connue en relations internationales, l'un des objectifs fondamentaux de la Charte des Nations Unies est la réalisation de « *la coopération internationale en résolvant les problèmes internationaux d'ordre économique, social, intellectuel ou humanitaire (...)*[32] ».

La Cour de Justice des communautés Européennes (CJCE) rappelait en 1994 son importance en ces termes « *lorsqu'il apparait que la matière d'un accord ou d'une convention relève pour partie de la compétence de la communauté et pour partie de celle des Etats membres, il importe d'assurer une coopération étroite entre ces derniers et les institutions communautaires tant dans le processus de négociation et de conclusion que dans l'exécution des engagements assumés. Cette obligation de coopération découle de l'existence d'une unité de représentation internationale de la communauté* [33]».

---

[31] Olivier CORTEN, *Méthodologie du Droit International Public*, Editions de l'Université de Bruxelles, 2017, p. 269.

[32] Article 1 & 3 de la Charte des Nations Unies de San Francisco de 1945.

[33] CJCE, avis 1/94 dit « OMC », du 15 novembre 1994, Rec., 1994, p. I-5420 & 108. **Cité** par Jean SALMON, *Dictionnaire de Droit International Public*, Edition Bruylant Bruxelles, 2001, p. 268.

Sur le plan institutionnel, la coopération internationale est généralement assurée par des organisations internationales à vocation universelle comme l'ONU ou régionales comme l'UE, l'UA. Elle peut *de facto* se limiter à un domaine technique précis, ou au contraire s'étendre en englobant des secteurs étroitement liés les uns aux autres. Il convient de distinguer deux types de coopérations : une coopération « sectorielle » et une « coopération globale[34] ».

Certaines théories fonctionnalistes mettent d'ailleurs en avant le fait que seule la coopération technique est efficace car elle se veut pragmatique au détriment de la coopération politique qui est parfois floue et emprunte d'intérêts subjectifs aléatoires. C'est par exemple le cas du politologue anglais David Mitrany qui publia en 1943 un article intitulé « *la paix et le développement fonctionnel de l'organisation internationale* », se basant sur la faillite de la Société Des Nations (SDN) argue « *qu'une véritable coopération internationale ne peut être réalisée ni par la volonté politique, ni par les règles de droit il faut donc selon lui, abandonner les ambitieux projets politico-institutionnels au profit d'une coopération internationale pragmatique (...)*[35] ».

Il est à souligner sur ce sujet que l'accord portant création de la zone de libre-échange est vraisemblablement un cas de coopération selon l'esprit fonctionnaliste même si pour la « théorie de coopération globale », la question des échanges et du commerce sont des « problématiques mondiales ». La CECA avec l'Europe au départ était également basée sur des « *réalisations concrètes créant d'abord une solidarité des faits* [36]», pour reprendre les propos de Robert Schuman.

Force est de constater que les organisations internationales aujourd'hui développent des compétences qui vont au-delà de l'approche purement sectorielle et fonctionnaliste. Les organisations régionales traitent des questions de sécurités, de

---

[34] Pascal CHAIGNEAU, *Dictionnaire des Relations Internationales*, Economica, 1998, p. 81.
[35] David Mitrany **Cité** par Pascal CHAIGNEAU, *Ibid.*
[36] *Ibid., p. 82.*

politiques communes comme le cas de la politique agricole commune de l'UE (PAC), de développement, des crises sanitaires comme l'UA avec la gestion du Covid ou Ebola. Il y a donc un dépassement sur la question et le débat relatif aux deux théories de coopération internationale. Il y a tout de même un point commun à ces coopérations, c'est qu'elles fonctionnent sur la base d'accords et de conventions conclus bilatéralement ou multilatéralement.

1.2. Accord :

Selon le droit commun, un accord est une « rencontre de deux volontés ». Ce terme est générique et peut aussi s'entendre comme une convention, un consentement, un pacte, un concordat ou un protocole. Il s'agit d'un assentiment exprimé à l'égard d'une proposition[37].

Au niveau du droit international public, ce terme générique désignerait « *(...) tout engagement pris par des sujets de droit international et ayant force obligatoire quelle qu'en soit la qualification fonctionnelle*[38] ». L'accord est exprimé et matérialisé via des instruments conventionnels appelés aussi « traités » dans le langage de la convention de Vienne de 1969. Cette convention définit le traité de la manière suivante : « *l'expression « traité » s'entend d'un accord international conclu par écrit entre Etats et régi par le droit international, qu'il soit consigné dans un instrument unique ou dans deux ou plusieurs instruments connexes, et quelle que soit sa dénomination particulière*[39] ».

Dans le droit régional nous pouvons citer des exemples comme l'Acte constitutif de l'UA, ou encore l'exemple européen des « accords Schengen » du 14 juin 1985 et d'application du 19 juin

---

[37] Gérard CORNU, *Vocabulaire Juridique*, 13e Edition Puf mise à jour de 2020, p. 13.
Voir aussi Cathérine P., Fabien B., Pierre O., Charlotte D., Jean-Louis H., Marie-France H., Antoine J., *Dictionnaire juridique*, 3e Edition, Bruylant Collection paradigme, 2020, p.37.
[38] Jean SALMON, *op. cit.* p. 8.
[39] Article 2 de la Convention de Vienne sur le droit des traités 1969.

1990 conclus par certains Etats membres de l'Union et permettant à ses citoyens européens de circuler librement dans l'union européenne. L'expérience des régions, telles que l'Union européenne (UE)[40], l'Accord de libre-échange nord-américain (ALENA) et le Marché commun entre l'Argentine, le Brésil, le Paraguay et l'Uruguay (MERCOSUR) ; montre la contribution importante que peut apporter une intégration réussie d'un marché pour la réalisation de la croissance et du développement économiques.

1.3. Zone de libre-échange :

Selon les économistes qui font de l'intégration un processus graduel, une zone de libre-échange correspond au « premier niveau de l'interaction économique ». Il s'agit d'un « *ensemble de pays qui décident de baisser jusqu'à supprimer les tarifs douaniers et les quotas de marchandises dans la zone de libre-échange (...) Il n'existe pas d'accord commun avec des pays hors de la zone*[41] ». De manière générale il y aurait selon les théoriciens de l'économie quatre niveaux de coopération ayant une finalité d'intégration :

- ➲ ***La zone de libre-échange*** est appréhendée comme l'amorce du processus. Elle s'apparente à un simple traité de commerce, circonscrit à certains produits sans autres obligations que d'abolir progressivement les droits de douane, de supprimer les restrictions quantitatives, de contrôler les subventions gouvernementales et de lutter contre le dumping. A titre illustratif nous avions l'association Européenne de Libre-échange (AELE)[42], créée à l'initiative de la

[40] La création d'un marché intra-UE a entraîné une augmentation du niveau du commerce intra-UE qui est actuellement d'environ 63%, et a contribué à la croissance du PIB et des opportunités d'emplois.

[41] Alain BRUNO et Christian ELLEBOODE, *Dictionnaire d'économie et de sciences sociales*, Ellipses, 2010, p. 521.

[42] L'Association européenne de libre-échange (AELE), en anglais : European Free Trade Association (EFTA), est une association d'États visant à établir une zone de libre-échange en Europe. Formée en 1960, elle s'est plusieurs fois élargie jusqu'en 1991, mais a progressivement perdu des membres en 1973, 1986 et 1995 lorsque ceux-ci ont intégré l'Union européenne.

Grande Bretagne en 1960, ou plus récemment l'Accord de Libre-échange Nord-américain (ALENA) conclu en 1992. A cela s'ajoute la ZLECAf qui fera l'objet de cette étude[43].

➲ L'***Union douanière*** qui complète les avantages par un tarif douanier extérieur commun. Le MERCOSUR qui est créé en Avril 1991 par l'Argentine, le Brésil, le Paraguay et l'Uruguay est l'un des projets d'union douanière les plus prometteurs à ce titre comme exemple[44].

➲ Le ***marché commun*** ajoute à l'union douanière les bénéfices de la libre circulation des hommes et des capitaux, tout en s'attaquant aux obstacles douaniers non tarifaires. Il permet de mettre en œuvre un tarif communautaire et impose le développement des politiques communes sectorielles dans des domaines d'intérêts communs[45].

➲ L'étape ultime ou du moins la plus avancée reste l'***Union économique*** qui présente un marché commun complété par une coordination des politiques économiques, monétaires et financières. Elle suppose l'apparition d'une instance supérieure ayant autorité sur les Etats chargée d'organiser un marché unique[46].

L'économiste Balassa ajoute un cinquième niveau qui correspond à une union économique et monétaire à laquelle s'ajoutent la politique de libéralisation complète des mouvements des capitaux, l'indépendance de la banque centrale, la création de l'institution monétaire, l'amélioration de la convergence économique, la fixation irréversible des taux de conversion, la mise en œuvre de la politique monétaire unique, le pacte de stabilisation et de croissance[47].

---

[43] Jean Jacques Roches, *Relations Internationales*, 8e Edition LGDJ, 2018, p.262

[44] *Ibid.*

[45] *Ibid.*

[46] *Ibid.*

[47] Mwayila TSHIYEMBE, *Régionalisme et problèmes d'intégration économique*, Edition L'Harmattan, 2012, p.96

Pour l'heure, la ZLECAf n'est que l'amorce d'une coopération générale dans la réflexion économique sur l'intégration[48].

D'un point de vue juridique, une « zone » désigne un « *espace soumis à un régime juridique déterminé qui lui est propre* ». La zone de libre-échange dans le Droit International Economique serait à cet effet un « *groupe de deux ou plusieurs territoires douaniers entre lesquels les droits de douane et les autres réglementations commerciales restrictives sont éliminés pour l'essentiel des échanges commerciaux portant sur des produits originaires des territoires constitutifs*[49] ».

2) Délimitation et intérêt de la thématique

La thématique qui sera abordée s'inscrit incontestablement dans le cadre des dynamiques régionales de coopérations internationales. Ces dynamiques sont observables depuis le XXe siècle avec la multiplication des organisations internationales qui « *restent (tout de même) pour l'essentiel des structures de coopération au fonctionnement desquelles chaque Etat participe sans renoncer pour autant à exercer ses compétences propres dans le même domaine*[50] ».

C'est aussi accessoirement le champ d'expression véritable de ce qu'on appelle la « coopération sud-sud ». Et si le professeur Ahmed Mahiou estimait à l'époque que « *la coopération Sud-Sud est à la fois une réalité et un projet, un ensemble de faits et de vœux, un mouvement dont on dresse tantôt un constat de crise, tantôt un acte de reconnaissance* [51]», l'Afrique apparaît de plus

---

[48] Il faut noter que dans l'esprit de l'intégration : « *international economic integration removes barriers to trade. Some barriers like tariffs or quotas can be abolished easily, if this is in the interest of the countries involved* ». **See** Hans H. Haller, Yannis M. Ioannides, « Propaedeutics of strategic theories of economic integration », Economics Letters 70 (2001) 215–221.

[49] Jean SALMON, *op. cit.* p. 1146.

[50] Pierre MARI-DUPUY, Yan KERBRAT, *Droit International Public*, Dalloz, 2016, p. 167.

[51] AHMED MAHIOU, « Le cadre juridique de la coopération Sud-Sud Quelques expériences ou tentatives d'intégration », *op. cit.* p. 21.

en plus aujourd'hui comme un terrain de mise en valeur d'une coopération sud-sud qui se veut relativement organisée.

Cet impératif de coopération sud-sud s'impose au continent africain comme une nécessité dans la mesure où même les partenaires extérieurs comme l'union européenne ont redéfini les termes de leur coopération avec le continent après que l'OMC eut remis en cause les instruments commerciaux de Lomé qui étaient taxés d'illégitimes mais aussi d'inefficaces pour soutenir le développement du continent et plus globalement des Etats ACP[52].

On peut noter par exemple qu'avec l'accord de Cotonou tel que révisé à Ouagadougou le 22 Juin 2010, on remarque un revirement vers un instrument qui valorise l'intégration régionale et le commerce sud-sud : « *les instruments de développement que sont les accords de partenariat économique visent à encourager une intégration graduelle et harmonieuse de tous les Etats ACP à l'économie mondiale, notamment en utilisant au maximum le potentiel de l'intégration régionale et du commerce sud-sud*[53] ».

Il faut néanmoins souligner qu'au-delà de ces considérations générales susmentionnées sur les aspects généraux de coopération sud-sud, l'intégration africaine qui intervient depuis la fondation de l'OUA puis de l'UA se fait dans un contexte marqué par une ardeur de l'organisation pour mettre en place des institutions et des organes ayant plus d'autonomie et d'efficacité vis-à-vis des Etats membres. « *Ensuite on peut observer une forte rationalisation des efforts de groupements régionaux en vue d'une intégration plus avancée pouvant susciter la paix, la sécurité et un développement durable de l'Afrique* [54]» même si 58 ans après, le processus amorcé reste encore fragile.

C'est donc dans cette approche globale que l'étude sera limitée à une analyse d'une coopération africaine basée sur l'accord créant la zone de libre-échange continentale africaine parce que l'étude de la coopération intra-africaine au sens large nous conduirait à

---

[52] Pays d'Afrique, Caraïbes et Pacifique.
[53] Mathieu CARDON, *op. cit.* 181.
[54] GUY Mvelle, *Intégration et coopération en Afrique*, L'Harmattan, 2014, p.9.

l'exploration illimitée des domaines de coopération qui ont cours sur le continent ; chose qui serait largement compliquée à réaliser dans le cadre limité de notre travail au regard du temps mais aussi de l'intérêt de notre apport qui serait assez dérisoire voire inefficace pour un tel travail.

L'étude de la coopération intra-africaine à travers un instrument conventionnel inédit représente un grand intérêt puisqu'elle permettra d'évaluer le degré de coopération au regard des outils qui sont mis à disposition et les principes qui gouvernent l'accord. Les Etats africains s'inscrivent dans ce sens dans l'idée que « *dans la société internationale, la nécessité de promouvoir cette solidarité oblige les Etats à s'entendre et à définir un minimum de règles qui constituent le droit international et qui limitent leur souveraineté*[55] ».

La portée théorique de l'analyse de cet accord permettra à cet effet de constater jusqu'à quel point les fondamentaux principiels et institutionnels de coopération découlant de l'accord sont effectifs et dans la pratique, comment l'implémentation et l'application de cet accord, son mécanisme de règlement des différends notamment semblent promouvoir une coopération normée et basée sur les règles dans une coopération intra-africaine qui est rappelons le, et reste largement politisée.

3) La problématique

Comme le dit FSC Northrop le philosophe américain en 1959 : « *la science ne commence pas avec des faits et des hypothèses mais un problème spécifique* [56]». S'il est précédemment fait mention du fait que la dynamique générale de coopération intra-africaine est aussi datée que la mise en place de l'organisation panafricaine, les nonchalances institutionnelles et normatives de l'UA ne permettent pas toujours d'arriver à un degré d'intégration continental suffisamment consolidé. C'est la raison pour laquelle à l'aune de cet accord nouveau sur le continent, il

---

[55] AHMED MAHIOU, « Le cadre juridique de la coopération Sud-Sud Quelques expériences ou tentatives d'intégration », *op. cit.* p. 30.
[56] **Cité** par Madeleine GRAWITZ, *Méthodes des sciences sociales, op. cit*, p.384

convient de se poser légitimement la question de savoir *dans quelle mesure l'accord portant création de la zone de libre-échange sur le continent africain constitue un instrument de renforcement de la coopération africaine ?*

4) Présentation générale des parties

« *Un vieux rêve se réalise. Les pères fondateurs doivent en être fiers* [57]», a lancé le président de la commission de l'Union africaine, Moussa Faki Mahamat lors de l'entrée en vigueur de l'accord portant création de la Zone de libre-échange continentale africaine. Cet accord est en en tout état de cause ambitieux pour une coopération renforcée à visée normative (**Partie I**). Cependant l'Afrique fait face à d'innombrables défis qui risquent de mettre cette zone dans une situation assez délicate pour la réalisation de ses objectifs, il s'agit là d'une gageure que l'Union africaine s'est lancée (**Partie II**).

---

[57] Edito Jeune Afrique, Zlec : lancement « historique » de la Zone de libre-échange continentale 07 juillet 2019 à 20h57 | Par Jeune Afrique avec AFP.

PARTIE I : UN ACCORD AMBITIEUX POUR UNE COOPERATION RENFORCEE

L'analyse juridique des phénomènes de coopération dans les pays du sud a longtemps été problématique « *car si les rapports internationaux ne sont pas simples, ils sont encore plus complexes et plus insaisissables lorsqu'ils sont internes au sud* ». D'ailleurs « *il arrive que les distinctions entre* ***la coopération*** *et* ***l'intégration****,* ***la réalité*** *et* ***le projet****,* ***le présent*** *et* ***le futur*** *s'effacent au point que les catégories et classifications s'avèrent peu pertinentes pour identifier les formes juridiques et notamment qualifier le type d'organisation régionale que les pays du Sud ont entendu instituer*[58] ».

Cette difficulté qu'il convient de souligner est parfois le résultat du fait de l'inadaptabilité des notions du Droit International aux réalités des pays du sud, et pour le cas de l'Afrique par exemple, les Etats ont eu parfois cette tendance à récuser dans leurs relations mutuelles, « *un droit international qu'ils estiment iniques*[59] ». Ajouter à cela, la problématique inhérente à la perception du droit en général, on dit souvent dans un adage populaire africain « *un mauvais arrangement vaut mieux qu'un bon procès* ».

Néanmoins l'état de ce débat dont l'impact est visible dans les coopérations qui se nouent au niveau de l'Afrique semble relativement atténué quand on fait l'inventaire de l'UA au niveau de ses principes fondamentaux[60], « *les Etats de l'Union peuvent être considérés à ce titre comme en phase avec le droit*

---

[58] AHMED MAHIOU, « Le cadre juridique de la coopération Sud-Sud Quelques expériences ou tentatives d'intégration », *op. cit.* p. 21-24.

[59] Blaise TCHIKAYA, *op. cit.* p. 26.

[60] On y voit des principes à portée internationale à l'article 4 de l'Acte constitutif, il s'agit entre autres : 4 (a) Egalité souveraine et interdépendance de tous les Etats membres de l'Union ; 4 (b) Respect des frontières existant au moment de l'accession à l'indépendance ; 4 (e) règlement pacifique des différends ; 4 (f) Interdiction de recourir ou de menacer de recourir à l'usage de la force entre les Etats membres de l'Union ; 4 (g) Non-ingérence d'un Etat membre dans les affaires intérieures d'un autre Etat membre ;

international [61]» au regard des principes de bases qui gouvernent l'acte constitutif de l'organisation panafricaine.

L'autre raison qui handicape l'analyse juridique des aspects de coopération sud-sud au niveau commercial est le fait que les échanges s'effectuent majoritairement avec le nord pour des raisons historiques liées à la colonisation, à la structure des relations internationales héritées. Ce déséquilibre de coopération entre les pays du sud est aussi pour certains le résultat de la domination des pays du nord qui constituent le principal débouché des exportations et détiennent une sorte de « *monopole pour l'approvisionnement en équipements, l'aide financière et l'aide alimentaire*[62] ».

Pour le continent africain à titre illustratif, il faut noter que le commerce intra-africain reste inférieur à son potentiel, puisqu'en 2017 il représentait environ 17 % du volume total du commerce africain. Par contraste, le commerce intracontinental représente 51 % des exportations en Amérique du Nord, 49 % en Asie, 22 % en Amérique latine, tandis qu'en Europe occidentale, ce chiffre atteint 69%.

C'est pour ces différentes raisons qu'il convenait de qualifier l'entrée en vigueur de l'accord portant création de la ZLECAf comme étant un accord ambitieux dans la mesure où il crée un cadre de libre-échange pour le continent en répondant à l'inexistence d'un dispositif antérieur en la matière (**Chapitre 1**), tout en disposant d'outils nécessaires pour une coopération renforcée au niveau intra-africain (**Chapitre 2**).

---

[61] Blaise TCHIKAYA, *op. cit.* p. 26.
[62] AHMED MAHIOU, *op. cit.* 35.

Chapitre 1 : Un cadre pour le libre-échange continental

D'après le Dictionnaire du commerce international, « *le libre-échange correspond à une politique économique qui préconise de supprimer les restrictions douanières (tarifaires et non tarifaires) afin de laisser place à la libre circulation des biens et services entre les pays sans intervention des gouvernements. C'est donc l'application du principe libéral selon lequel il convient de « laisser faire » le marché et donc de supprimer les entraves, c'est-à-dire les interventions extérieures comme la fixation de quotas et de droits de douane par l'État afin d'aboutir à la meilleure situation économique possible*[63] ». Ces situations internationales qui sont devenues prolifiques depuis le GATT sur la scène internationale se matérialisent par des accords qui fixent des objectifs et des principes encadrant ces zones.

L'accord portant création de la ZLECAf est ainsi un accord qui promeut un système d'échanges libres entre les pays africains. Dans son préambule, cet accord tient compte et se base sur un certain nombre de fondements juridiques (**section 1**) tout en ayant une vision plus intégrée de coopération entre les Etats africains (**section 2**).

Section 1 : Les fondements de l'accord portant création de la ZLECAf

A l'alinéa 4 du préambule de l'accord, il est stipulé ce qui suit :

> « *Déterminés à renforcer nos relations économiques en nous appuyant sur nos droits et obligations respectifs en vertu de l'Acte constitutif de l'Union africaine de 2000, du Traité d'Abuja et, le cas échéant, de l'Accord de Marrakech de 1994 portant création de l'Organisation mondiale du commerce* ».

Il y a, à cet effet dans sa constitution, des fondements juridiques qui découlent du cadre internationalement établi puisque la zone de libre-échange correspond à un groupement de deux ou plusieurs territoires douaniers selon le droit de l'Organisation

---

[63] Disponible en ligne sur https://www.glossaire-international.com/pages/tous-les-termes/libre-echange-1.html.

mondiale à laquelle les Etats africains sont membres (**paragraphe 1**), même si le projet africain est avant tout d'inspiration panafricaniste lors de la fondation de l'OUA repris et concrétisé par l'UA (**paragraphe 2**).

Paragraphe 1 : Le cadre juridique international

Etudier la coopération intra-africaine à l'aune de l'accord portant sur la ZLECAf sans l'inscrire dans la perspective globale du « fait régional » qui s'est accentué depuis la fondation de l'OMC serait partielle. C'est la raison pour laquelle il apparait intéressant de voir avant tout le phénomène régional (**A**). Puis d'analyser les conditions techniques et juridiques de la constitution d'un territoire douanier comme la zone de libre-échange par rapport aux règles du commerce multilatéral, telles qu'elles sont définies et consignées dans l'article XXIV du GATT de 1995 (**B**).

A. Le fait régional dans le système multilatéral

Déjà en 1943, Georges Scelle constatait que : « *le droit international est devenu universel, mais, en même temps, il s'est décentralisé... Au sein de la société internationale universelle ou œcuménique, il se forme des groupements de peuples ou d'Etats rapprochés par des phénomènes de solidarité plus étroits tenant à la communauté d'origine ou de race, à la contiguïté géographique et surtout à l'intensité des échanges...*[64] ».

Si par idéalisme dans la politique, le régionalisme est une doctrine ou un système social et administratif qui cherche à valoriser et défendre les particularités et l'identité des régions au sein d'une même nation et à leur accorder une certaine autonomie par rapport à d'autres, l'économie néolibérale fondée sur le système OMC adopte une vision pratique du fait régional. Le régionalisme serait des formes de *« solidarités restreintes »* manifestées par un *« groupe limité d'Etats qui définissent leurs intérêts communs non seulement par la convergence de leurs*

---

[64] *Manuel élémentaire de droit international public*, Paris, 1943, **Cité** par Charles Zorgbibe, « Régionalisme et universalisme », dans Le monde diplomatique, Juillet 1997, p. 20. Disponible en ligne : Régionalisme et universalisme, par Charles Zorgbibe (Le Monde diplomatique, juillet 1977) (monde-diplomatique.fr).

aspirations et de leurs objectifs propres, mais par opposition aux aspirations et aux objectifs (réels ou supposés) de tous les Etats extérieurs à leur groupe[65] ».

Ce mouvement qui se fait de plus en plus au sein de l'organisation mondiale du commerce a conduit certains à y voir une sorte « *d'erreur* » sinon de « *défaut congénital du commerce multilatéral* », tandis que d'autres au contraire pensent qu'il s'agit d'« *un moyen de progresser plus rapidement vers la libéralisation complète des échanges internationaux* [66]». Quoi qu'il en soit, il est incontestable que l'« *une des caractéristiques des relations économiques internationales de ces vingt dernières années est la recrudescence des accords régionaux, en d'autres termes la montée en puissance du régionalisme*[67] ».

En effet, l'économie mondiale est à la recherche constante de nouveaux débouchés pour poursuivre sa croissance. Avec le GATT l'idée était de créer un espace commercial commun. Cependant le succès qu'a connu le marché commun européen démontra que l'ouverture des économies était très favorisée par la mise en place d'organisations régionales[68]. La tendance est aujourd'hui très clairement à une multiplication des accords commerciaux régionaux[69].

---

[65] M. Virally, « Les relations entre organisations régionales et organisations universelles », Régionalisme et universalisme dans le droit international contemporain, *op.cit.*, pp.147-165, spéc.p.148. Disponible en ligne : https://www.sfdi.org/wp-content/uploads/2014/10/Virally-M.-Les-relations-entre-organisations-r%C3%A9gionales-et-organisations-universelles.pdf.

[66] Ricardo GARCIZ DE LA ROSA, *Régionalisme économique et zone de libre-échange des Amériques (ZLEA)*, Thèse de doctorat, Université Jean Moulin Lyon 3, Faculté de Droit, 2008, p. 56.

[67] ECHINARD (Y.) et GUILHOT (L.), « Le Nouveau régionalisme » de quoi parlons-nous?, AFRI, Vol. VIII, 2007, p. 775.

[68] Jean Jacques Roches, *op. cit.* p. 262

[69] Cette dynamique touche l'ensemble des régions du monde. Des cadres institutionnels et/ou des accords commerciaux privilégiés, allant de simples forums interrégionaux jusqu'à des unions économiques en passant par des zones de libre-échange et des unions douanières, ont été mis en place dans la plupart des régions : Amérique latine (MERCOSUR), Amérique du Nord (ALENA), Asie Pacifique (ASEAN, CER), Caraïbes (CARICOM), Afrique (UEMOA, SADC, CEDEAO, COMESA…), Russie et son voisinage (CEI,

En date du 22 Janvier 2021, il y a au total 545 accords commerciaux notifiés à l'OMC, ce qui démontre jusqu'à quel point le fait régional au sein de l'organisation a une grande ampleur. Bien que l'expression « accord commercial régional » soit maintenant largement utilisée, le rapport de l'OMC de 2011[70] intitulé « l'OMC et les accords commerciaux préférentiels : de la coexistence à la cohérence » emploie l'expression plus générique « accord commercial préférentiel » (ACPr), car de nombreux accords ne sont pas limités aux pays d'une même région. Le rapport traite uniquement des accords préférentiels réciproques – régionaux, bilatéraux ou plurilatéraux[71].

Ce développement du fait régional commercial est une exception aux disciplines prônées par le GATT, notamment le principe de la « non-discrimination » caractérisée par la « Clause de la Nation la Plus Favorisée » et le principe de « Traitement National ». Ces principes ont toujours guidé le commerce international depuis 1947. En effet, en institutionnalisant et en multilatéralisant la coopération internationale, le GATT fait « *que l'égalité de traitement soit respectée par les États tant dans leurs relations entre eux que vis-à-vis des opérateurs étrangers sur leur territoire*[72] ».

Les principes de réciprocité et de non-discrimination ont une longue histoire qui remonte au Moyen âge. Il s'agissait pour les marchands de recevoir un traitement équitable de leurs marchandises, « *à cette époque cependant, la protection et la sécurité des marchands étrangers restaient un privilège que les souverains accordaient sous forme de contrat privé, le plus*

GUAM…), Europe (UE, partenariat Euro-med, accords ACP)… **Voir** ECHINARD (Y.) et GUILHOT (L.), *op. cit.* 775.

[70] OMC, Rapport sur le commerce mondial 2011, « L'OMC et les accords commerciaux préférentiels : de la coexistence à la cohérence, disponible sur https://www.wto.org/french/res_f/booksp_f/anrep_f/world_trade_report11_f.pdf.

[71] **Voir** l'annexe 1 pour le tableau récapitulatif des accords commerciaux régionaux notifiés à l'OMC.

[72] DEBLOCK (C.), « Le régionalisme commercial. Y a-t-il encore un pilote dans l'avion ? », Revue Interventions économiques, n° 55, 2016, p. 2. Disponible en ligne : http://journals.openedition.org/interventionseconomiques/2882.

souvent à la demande de groupements marchands ». Pour Boris Nolde, les premiers traités contenant des dispositions commerciales remonteraient au XIVe siècle, et l'Angleterre était le premier pays qui chercherait à protéger ses ressortissants « *et à faire reconnaître leur droit d'entrer, de sortir et d'amener des marchandises pour les vendre* ». C'est aussi à cette époque qu'apparut la clause CNPF dans le traité conclu en 1486 entre l'Angleterre et la Bretagne[73]. Ce fut une clause de type conditionnel au départ avant de devenir inconditionnel au regard de l'intérêt croissant qu'avaient les Etats à conclure des accords commerciaux[74].

Placée au cœur du nouveau système commercial multilatéral depuis le XXe, cette clause corollaire au traitement national[75] dispose d'intérêts particuliers en matière commerciale entre Etats, dans la mesure où théoriquement elle met en exergue une certaine relative réciprocité et égalité entre les Etats afin d'éviter de la discrimination dans leur relation commerciale, et pratiquement elle peut donner lieu à des avantages en matière de droits de douanes mais aussi peut être invoquée dans le cadre d'une discrimination devant l'Organe de Règlement des Différends (ORD). Dans l'affaire de la banane par exemple, l'Organe d'appel a confirmé la constatation du Groupe spécial

---

[73] *Ibid.*, p. 4.

[74] « A partir de 1921, à l'occasion de la conclusion du nouvel accord de commerce entre les Etats-Unis d'Amérique et l'Allemagne, un nouveau cours devait se manifester avec l'insertion de la clause de la nation la plus favorisée de type inconditionnel c'est-à-dire au jeu automatique et sans réciprocité ». **Voir** CARREAU D., *Droit International Economique*, LGDJ, 4e Edition, 1998, p. 94.

[75] « *Tous avantages, faveurs, privilèges ou immunités accordés par une partie contractante à un produit originaires ou à destination de tout autre pays seront, immédiatement et sans condition, étendue à tout produit similaire originaire ou à destination du territoire de toutes les autres parties contractantes. Cette disposition concerne les droits de douane et les impositions de toute nature perçus à l'importation ou à l'exportation ou à l'occasion de l'importation ou de l'exportation, ainsi que ceux qui frappent les transferts internationaux de fonds effectués en règlement des importations ou des exportations, le mode de perception de ces droits et impositions, l'ensemble de la réglementation et des formalités afférentes aux importations ou aux exportations (....)* », **Voir** Partie I, article premier du GATT.

selon laquelle les règles relatives aux fonctions, qui s'appliquaient uniquement aux règles d'attribution des certificats pour les importations en provenance des pays autres que les pays ACP traditionnels, étaient incompatibles avec l'article I :1 du GATT[76].

L'inflexion du principe cardinal du commerce multilatéral par les ACR est aujourd'hui à un tel degré que l'exception des ACR est devenue dans les faits, la règle au détriment dudit principe[77]. Il est vrai que la plupart des échanges internationaux continuent d'être régis par ce principe mais ce que « *l'OMC a appelé « l'écheveau » des unions douanières, des marchés communs, des zones de libre-échange régionales ou bilatérales et de préférences, a presque atteint le stade où le TNPF est un traitement exceptionnel*[78] ».

Même si l'OMC s'interroge parfois sur la question de savoir : faut-il multilatéraliser le régionalisme[79] ? Les faits démontrent

---

[76] **Voir** un différend-une page, DS27, *Communautés européennes — Régime applicable à l'importation, à la vente et à la distribution des bananes*, 25 septembre 1997.
Entre autres articles Article III : 4 du GATT (traitement national – lois et réglementations intérieures): L'Organe d'appel pensait comme le Groupe spécial que les procédures et prescriptions des CE concernant la répartition des licences d'importation de bananes en provenance de fournisseurs ACP non traditionnels étaient incompatibles avec l'article III: 4.
Articles II (traitement de la nation la plus favorisée) et XVII (traitement national) de l'A.G.C. S : L'Organe d'appel a confirmé la constatation du Groupe spécial selon laquelle les mesures des CE étaient incompatibles avec les articles II et XVII parce qu'elles étaient discriminatoires, et il a précisé que « le but et l'effet » d'une mesure étaient dénués de pertinence au regard des articles II et XVII.

[77] « Malgré les progrès considérables enregistrés depuis sa mise en place après la Seconde Guerre mondiale, sur le plan de l'ouverture des marchés comme sur le plan des disciplines communes, le système commercial comporte néanmoins encore beaucoup de zones grises et d'exceptions, les accords commerciaux régionaux en constituant désormais la plus importante » **Voir** DEBLOCK (C.), *op. cit.* p. 2.

[78] Ricardo GARCIZ DE LA ROSA, *op., cit.*, p. 56.

[79] « *Faut-il avoir peur du "régionalisme" ? Périodiquement, la question redevient d'actualité : par exemple, à la suite d'un échec d'une codification universelle, expliqué par l'antagonisme des traditions régionales ou - plus récemment - par l'hétérogénéité introduite par les organisations d'intégration*

plus que jamais l'utilisation accrue des dispositions contenues dans l'article XXIV du GATT, dispositions qui fondent le paradigme de la régionalisation du commerce international.

B. Le régime de l'article XXIV du GATT

Si le recours à la clause de la nation la plus favorisée était aussi stimulant pour le commerce international, c'est à bon sens qu'il faut se demander pourquoi avoir introduit un article qui déroge à ce régime dans le commerce multilatéral ? Une part de la réponse à cette question est historiquement justifiée par la pratique même des Etats membres du GATT-OMC avant l'avènement de l'accord et plus précisément de l'article XXIV[80]. Contrairement aux accords de coopérations politiques ou culturels, le domaine du commerce exige un sens élevé de pragmatisme. On dirait même qu'il serait impossible pour des Etats de s'engager dans un accord qui interdirait pour l'avenir la conclusion d'arrangements régionaux.

Toute l'architecture du régionalisme dans le système OMC s'est érigée sur le fondement de l'article XXIV du GATT. C'est sur ce système que tout régionalisme qui se veut juridiquement fonder puise son soubassement international en ce qui concerne le commerce multilatéral bien que la cohérence de la plupart des

---

telle l'Union européenne; ou bien en raison du déport du règlement des différends et des sanctions collectives du niveau universel vers le niveau régional (relance du panaméricanisme par les Etats-Unis après la fin de la guerre froide, conduite des interventions en Afrique depuis plusieurs années, au Kosovo en 1999, etc). » **Voir** à ce sujet également PATRICK DAILLIER Professeur en droit international, Université de Paris-X Nanterre, France, « Universalisme et régionalisme », p. 5. Disponible en ligne : Daillier.DEF.doc (oas.org).

[80] « *Depuis longtemps déjà, les Etats ont reconnu le caractère artificiel de leurs frontières au regard des échanges économiques (...) Grande Bretagne : projet d'union entre l'Angleterre et l'Ecosse en 1547-1548 (...) Canada : l'Ontario, le Québec, la Nouvelle-Ecosse et le Nouveau-Brunswick ont passé un accord de libre-échange pour les produits alimentaires et les matières premières en 1850 (...) Union douanière entre la Belgique et le Luxembourg en 1921 (...)* ». **Voir** Ricardo GARCIZ DE LA ROSA, *op. cit.* p. 58-59.

zones commerciales régionales avec l'article XXIV fasse toujours l'objet de débats[81].

Cette réglementation autorise les parties contractantes au GATT à participer à des intégrations régionales à condition que ces intégrations permettent le développement du commerce international. Le paragraphe 4 de l'article XXIV reprend cet objectif en ces termes : « *les parties contractantes reconnaissent qu'il est souhaitable d'augmenter la liberté du commerce en développant, par le moyen d'accords librement conclus, une intégration plus étroite des économies des pays participant à de tels accords. Elles reconnaissent également que l'établissement d'une* ***union douanière*** *ou d'****une zone de libre-échange*** *doit avoir pour objet de faciliter le commerce entre les territoires constitutifs et non d'opposer des obstacles au commerce d'autres parties contractantes avec ces territoires* ».

Quelques précisions liminaires avant d'analyser les conditions de l'article XXIV du GATT. D'abord, cet article ne prend en considération que les accords commerciaux régionaux. Ensuite l'article XXIV tel qu'il a été envisagé va être complété par un mémorandum d'accord sur l'interprétation de ses dispositions en 1994. Enfin au regard des dispositions précitées du paragraphe 4 de l'article XXIV, seules deux situations sont envisagées par l'accord : les *unions douanières* et les *zones de libre-échange*. Ces deux situations sont définies dans l'accord en ces termes :

« *a) on entend par union douanière la substitution d'un seul territoire douanier à deux ou plusieurs territoires douaniers, lorsque cette substitution a pour conséquence i) que les droits de douane et les autres réglementations commerciales restrictives*

---

[81] « *The political and legal reality is, therefore, that regional agreements are here to stay, whether or not they comply with WTO rules. Rather than lament their inconsistency with WTO principles or be exasperated by the "spaghetti bowl" of overlapping agreements that results, it may be more fruitful to think of how the web of WTO and co-existing regional agreements can be untangled so as to give maximum effect to both* ». **See** Joost Pauwelyn HEI, « Legal Avenues to "Multilateralizing Regionalism": Beyond article XXIV », Paper presented at the Conference on Multilateralising Regionalism Sponsored and organized by WTO - HEI Co-organized by the Centre for Economic Policy Research (CEPR) 10-12 September 2007 Geneva, Switzerland, p. 3.

(...) sont éliminés pour l'essentiel des échanges commerciaux entre les territoires constitutifs de l'union, ou tout au moins pour l'essentiel des échanges commerciaux portant sur les produits originaires de ces territoires (...) » [Article XXIV, § 8 a)] « *b) on entend par zone de libre-échange un groupe de deux ou plusieurs territoires douaniers entre lesquels les droits de douane et les autres réglementations commerciales restrictives (...) sont éliminés pour l'essentiel des échanges commerciaux portant sur les produits originaires des territoires constitutifs de la zone de libre-échange* ». [Article XXIV, § 8 b)].

L'AGCS introduit, à l'article V, une autre appellation : les accords « *d'intégration économique* », qu'il définit ainsi :

« *1. Le présent accord n'empêchera aucun des Membres d'être partie ou de participer à un accord libéralisant le commerce des services entre deux parties audit accord ou plus, à condition que cet accord : a) couvre un nombre substantiel de secteurs, et b) prévoie l'absence ou l'élimination pour l'essentiel de toute discrimination (...) par : i) l'élimination des mesures discriminatoires existantes, et/ ou ii) l'interdiction de nouvelles mesures discriminatoires ou de mesures plus discriminatoires, soit à l'entrée en vigueur dudit accord, soit sur la base d'un calendrier raisonnable (...)* » [Article V, § 1 a) et 1b)].

Pour satisfaire aux conditions de l'article XXIV, une zone de libre-échange comme la ZLECAf doit répondre au but principal qui est de « faciliter le commerce » entre les participants et s'abstenir « d'opposer des obstacles au commerce avec les pays tiers[82] ». Au-delà de ces conditions générales, pour être licites, des exigences supplémentaires de fonds et de formes sont à

---

[82] C'est une distinction reprise du livre « The Customs Union Issue » de l'économiste américain Jacob VINER. L'idée c'est d'effectuer intellectuellement une distinction entre des intégrations qui seraient utiles au développement du commerce international et de celles qui seraient au contraire mauvaises, et donc détournant les échanges internationaux. Ce débat a été très vif entre les Américains et les Européens. Les premiers opposaient au dernier que la PAC était contraire à la bonne marche du commerce tandis que pour les Européen, cet instrument a contribué à l'intégration de la communauté. Selon l'un ou l'autre des points de vue, les conclusions sont susceptibles de varier… **Voir** Dominique CARREAU, Patrick JUILLARD, *op. cit.*, p. 265.

remplir au terme du GATT, « *il s'agit là d'un exemple frappant de l'existence d'une hiérarchie des normes au sens du droit international, une convention universelle (le GATT/OMC) fondant le régime juridique d'institutions régionales*[83] ». Même si la majorité des organisations d'intégration régionales sont aujourd'hui au moins notifiées, les conditions ne sont pas toujours remplies de manière satisfaisante. Un développement sommaire sur ces conditions de l'article XXIV semble s'imposer à cet effet.

Au niveau de la forme, la première obligation est celle de notifier à l'OMC toute intention de créer une zone de libre-échange ou une union douanière afin de permettre à cette dernière de procéder à l'examen du projet et en contrôler la mise en œuvre. Cette saisine doit être préalable à l'entrée en vigueur de l'accord constitutif d'une union douanière ou d'une zone de libre-échange[84]. Cela doit permettre un examen de l'accord portant création de la zone et de faire des recommandations sur la compatibilité ou l'incompatibilité des intégrations régionales avec le système multilatéral.

Cependant cette condition ne fut jamais satisfaite de manière pleine et entière. Les Parties contractantes se sont constamment retrouvées dans l'impossibilité de faire des recommandations prévues dans ces dispositions, se bornant à accorder parfois des dérogations imparfaites et partielles ou endossant implicitement de tels arrangements[85]. Ce qui fait qu'en pratique ces accords

---

[83] *Ibid.*

[84] « *Toutes les notifications faites au titre du paragraphe 7 a) de l'article XXIV seront examinées par un groupe de travail à la lumière des dispositions pertinentes du GATT de 1994 et du paragraphe 1 du présent mémorandum d'accord. Le groupe de travail présentera un rapport au Conseil du commerce des marchandises sur ses constatations en la matière. Le Conseil du commerce des marchandises pourra adresser aux Membres les recommandations qu'il jugera appropriées* ». **Voir** Article XXIV (7) et le paragraphe 7 du Mémorandum d'accord sur l'interprétation.

[85] Tel fut le cas du traité de Rome instituant la communauté européenne qui depuis le cycle de Dillon (1960-1961) a été contesté pour sa compatibilité à l'article XXIV ou encore une dérogation imparfaite a été accordée aux USA en 1965 à propos de la conclusion avec le Canada d'une zone de libre-échange sur

bénéficient d'une présomption de validité sans besoin d'une recommandation expresse de la part du Conseil du commerce et des marchandises.

En plus de la notification, une zone de libre-échange ou une union douanière doit être établie dans un délai raisonnable selon un plan ou programme d'action contenu dans l'acte constitutif[86]. Au titre du mémorandum sur l'interprétation de l'article XXIV, ce délai serait de 10 ans[87]. Or ce critère donne lieu en pratique à des incohérences comme celles de la communauté européenne dont le traité de Rome avait été fixé à 12 ans[88]. Pour le cas de la ZLECAf, le fondement initial du projet remonte au Traité d'Abuja de 1991 resté inopérant pendant une vingtaine d'années et même si l'initiative de reprendre ou plutôt de s'appuyer sur les droits contenus dans ce traité par les chefs d'Etats de l'UA est louable, la décision des chefs d'Etat en 2012 parle d'une accélération qui devrait être effective en 2017[89], donc soit 26 ans après s'il faut rester sur le projet d'Abuja et moins de 10 ans lorsqu'il faut se référer à la décision de 2012 et à l'Agenda de 2015. Bien évidemment, ce n'est qu'au début de cette année que la zone est opérationnelle partiellement. Toutefois cette condition du « délai raisonnable » est très souple et parfois dans le cas des pays en développement, elle peut être rallongée au titre de la clause d'habilitation de 1979 qui a permis parfois à ces derniers de conclure de « *simples arrangements préférentiels* »[90].

Dans le fond, la condition essentielle de compatibilité d'une union douanière ou de la zone de libre-échange au sens de l'article XXIV est « *la libéralisation de l'essentiel des échanges*

---

certains produits automobiles. … **Voir** Dominique CARREAU, Patrick JUILLARD, *op. cit.*, p. 266.

[86] Article XXIV &5 (c) du GATT.

[87] Le "délai raisonnable" mentionné au paragraphe 5 c) de l'article XXIV ne devrait dépasser 10 ans que dans des cas exceptionnels. Dans les cas où des Membres parties à un accord provisoire estimeront que 10 ans seraient insuffisants, ils expliqueront en détail au Conseil du commerce des marchandises pourquoi un délai plus long est nécessaire.

[88] Dominique CARREAU, Patrick JUILLARD, *Op., Cit.*, p. 267.

[89] Assembly/AU/Dec.394(XVIII).

[90] Dominique CARREAU, Patrick JUILLARD, *Op., Cit.*, p. 267

commerciaux[91] » permettant de faire de ces zones des centres d'expansion et des zones qui aboutissent à des détournements de courants d'échanges traditionnels. Cette condition est restée très débattue sur la question des critères en termes de quantité notamment et accessoirement de qualité aussi. On estimerait généralement qu'il faudrait 80% de libéralisation des échanges en pratique. Le mémorandum sur l'interprétation de l'article XXIV est resté muet sur le sujet[92]. Dans le cas de la ZLECAf, on peut estimer que l'accord intègre cette dimension en se donnant l'ambition de libéraliser selon une approche progressive et graduelle jusqu'à 90% des échanges intra-africains.

Il semble évident néanmoins que les considérations relatives au développement nécessaire de l'Afrique ont primé sur les obligations de formes et de fonds du régime établi par l'article XXIV. Comme quoi la pratique de coopération dans les domaines pragmatiques comme le commerce ou les échanges économique en général exige parfois une grande souplesse dans la conformité aux règles établies. Au-delà du cadre international établissant la possibilité de conclure des accords de libre-échanges, c'est avant tout au niveau africain que la ZLECAf trouve la profondeur de sa manifestation juridique.

---

[91] Article XXIV & a) i) « *On entend par union douanière la substitution d'un seul territoire douanier à deux ou plusieurs territoires douaniers, lorsque cette substitution a pour conséquence i) que les droits de douane et les autres réglementations commerciales restrictives (...) sont éliminés pour l'essentiel des échanges commerciaux entre les territoires constitutifs de l'union, ou tout au moins pour l'essentiel des échanges commerciaux portant sur les produits originaires de ces territoires* ».

[92] Ce mémorandum se borne à reconnaître « la contribution qu'une intégration plus étroite des économies des parties à de tels accords peut apporter à l'expansion du commerce mondial ».

Dans son rapport du 22 Octobre 1999 dans l'affaire « Turquie-Restrictions à l'importation de produits textiles et de vêtements » (AB 1999-5), l'organe d'appel de l'OMC devait se contenter de noter que « la totalité des échanges commerciaux n'était à l'évidence pas visée, ce qui laissait une certaine souplesse aux participants ». **Voir** Dominique CARREAU, Patrick JUILLARD, *op. cit.*, p. 269.

Paragraphe 2 : Le cadre juridique africain

Parler d'un cadre juridique international ou régional africain a toujours paru problématique même si le contexte actuel révèle une certaine prolifération institutionnelle au niveau du continent avec des règles diverses. A la fin des années 1960 et au début des années 1970, cette idée d'un droit international africain et/ou régional était incertaine voire hasardeuse pour certains, et un sujet de curiosité pour d'autres[93].

Néanmoins, depuis la fin du XXe siècle jusqu'à l'aune du XXIe siècle, ce débat est dépassé au regard de la dynamique régionale en matière de règles régissant divers domaines allant du politique à l'économique. L'expression de l'accord portant création de la zone de libre-échange continentale ne vient que confirmer cette constatation. « *L'étude du régionalisme en Afrique s'est simplifiée depuis la création de l'Organisation de l'Unité Africaine. Au plan continental il n'y a plus en effet qu'une seule organisation internationale africaine qui est devenue, en quelque sorte, une « structure nécessaire » de l'Afrique indépendante*[94] ». Et c'est finalement sur l'Acte constitutif de cette organisation devenue UA que la ZLECAf se fonde (**A**) avant le projet d'Abuja de 1991 qui contient les prémices dudit projet (**B**).

A. L'acte constitutif de l'UA

Le préambule de l'accord portant sur la ZLECAf stipule que les Etats africains dans le développement des relations économiques qu'ils entendent renforcer par le biais de cet accord se basent avant tout sur « les droits » et « obligations » contenus dans « l'acte constitutif » de 2000. Cette attention relative aux obligations et droits contenus dans l'acte constitutif de 2000 et non sur ceux de la charte de l'OUA a une connotation particulière en termes de considérations juridiques et de mutation institutionnelle.

---

[93] Joseph-Marie Bipoun-Woum, *op. cit.*, p.2.

[94] Borella François, « Le régionalisme africain en 1964 », In: Annuaire français de droit international, volume 10, 1964. pp. 621.

En effet dans le cadre du projet panafricain, l'objectif était de rassembler l'Afrique dans sa dimension politique, économique et culturelle. Cependant une telle idéologie ne pouvait aboutir sans une cristallisation institutionnelle. Or la naissance de l'OUA fut dans un contexte de décolonisation, ce qui a fait des questions de libération du joug colonial, de l'apartheid et du racisme, des préalables à toute autre préoccupation de cette jeune organisation à l'époque.

« *C'est en effet cette mission qui a rendu l'unité nécessaire et servi de socle à la responsabilité commune des trente nouveaux Etats d'Afrique dont les peuples avaient connu les souffrances de l'esclavage transatlantique, de l'occupation, de l'exploitation, et de l'oppression coloniale*[95] ». Etant née d'un compromis entre partisans d'une union plus forte et ceux d'une approche souple ou graduelle[96], l'OUA fut une association d'Etats africains dont la fonction était de gérer les problèmes communs de l'Afrique « *comme entité internationale à l'image de l'agora classique, un forum public où seraient débattues et, peut-être, décidées des questions internationales*[97] ».

L'organisation s'est donc attelée à cette tâche en endossant des principes de coopération internationale comme le principe du règlement pacifique des différends, celui de la souveraineté des Etats indépendants, de la non-ingérence dans les affaires intérieures entre autres[98]. Cette approche de coopération sous l'égide de l'OUA faisait de l'organisation une institution de coordination dont l'objectif était avant tout de permettre une

---

[95] ABDULQAWI A. YUSUF et FATSAH OUGUERGOUZ, *L'union Africaine : cadre juridique et institutionnel, op. cit. p. 37.*

[96] Nous l'avions mentionné effectivement plus haut que si les jeunes Etats étaient d'accord sur la nécessité d'une union, des divergences profondes existaient quant à la forme et la nature de cette union. Certains voulaient voulaient une union politique plus profonde et immédiate dirigée par un gouvernement continental, d'autres, d'autres plaidaient pour une association moins contraignante entre Etats, alors qu'un troisième groupe militait en faveur d'une intégration régionale comme première étape vers une union continentale. **Voir** *Ibid.*

[97] B. Boutros-Ghali, *L'organisation de l'Unité africaine*, Paris A. Colin Collection U, séries Institution internationales, 1969, **Voir** *Ibid.*

[98] Article III de la Charte de l'OUA de 1963.

décolonisation, une coexistence pacifique des Etats africains nouvellement sortis des tutelles coloniales.

D'ailleurs, à la lecture du préambule[99] qui énonce les motivations essentielles de la création de l'OUA, on ne lit nulle part la mention relative au renforcement des liens économiques par la mise en place des mécanismes pouvant permettre un tel projet même si l'article 2 paragraphe 2 de la charte parle d'une forme de coordination possible en matière économique entre Etats africains, cet objectif fut partiel au regard de la préoccupation de l'OUA qui était essentiellement de défendre l'Afrique asservie et de lui donner une plateforme d'expression de manière commune. Certains auteurs estiment que « *l'OUA se voulait être une organisation pas trop contraignante de coopération volontaire entre ses membres sans aucune autorité supranationale*[100] ».

Néanmoins, au-delà de son rôle dans les luttes, l'OUA avait aussi entrepris des initiatives dans le domaine économique. Bien que très marginal dans sa charte constitutive comme socle de coopération, l'une des réalisations de l'OUA en la matière reste le traité d'Abuja qui sera analysé amplement dans la partie (b) du

---

[99] « *Nous, Chefs d'Etat et de Gouvernement africains, réunis à Addis Abéba, Ethiopie ; Convaincus que les peuples ont le droit inaliénable de déterminer leur propre destin ; Conscients du fait que la liberté, l'égalité, la justice et la dignité sont des objectifs essentiels à la réalisation des aspirations légitimes des peuples africains ; Sachant que notre devoir est de mettre les ressources naturelles et humaines de notre continent au service du progrès général de nos peuples dans tous les domaines de l'activité humaine ; Guidés par une commune volonté de renforcer la compréhension entre nos peuples et la coopération entre nos Etats, afin de répondre aux aspirations de nos populations vers la consolidation d'une fraternité et d'une solidarité intégrées au sein d'une unité plus vaste qui transcende les divergences ethniques et nationales (...)* ». **Voir** extrait du préambule de la charte de l'OUA.
Au niveau universel la Charte des Nations Unies dans son Article 52 Paragraphe 1 dispose : « *Aucune disposition de la présente Charte ne s'oppose à l'existence d'accords ou d'organismes régionaux destinés à régler les affaires qui, touchant au maintien de la paix et de la sécurité internationales, se prêtent à une action de caractère régional, pourvu que ces accords ou ces organismes et leur activité soient compatibles avec les buts et les principes des Nations Unies* ».

[100] ABDULQAWI A. YUSUF et FATSAH OUGUERGOUZ, *L'union Africaine : cadre juridique et institutionnel, op. cit. p. 38.*

présent développement. Cependant dans ses bilans, on estime qu'« *elle n'a pas su faire avancer l'agenda socio-économique du continent ni approfondir l'unité et l'intégration des peuples africains. De même, elle n'a pas réussi à alléger la pauvreté, réduire les conflits ou les violations des droits de l'homme*[101] ».

Toutes ces raisons associées à une mondialisation galopante vont conduire dans les années 1990 les fondateurs de l'OUA à revoir leur forme d'organisation. Monsieur Amara ESSY, Président par intérim de la commission de l'Union Africaine déclara ce qui suit : « *le monde a changé, le continent a changé mais l'outil organisationnel régional est resté le même, avec des prismes et des méthodes incapables de gérer les nouveaux défis. C'est la volonté de changer cette situation qui a favorisé la naissance de l'union africaine*[102] ».

C'est pourquoi lors de la déclaration de Syrte, l'objectif était de « *discuter des voies et moyens permettant de rendre l'OUA plus efficace afin qu'elle puisse se mettre au diapason des mutations politiques et économiques dans le monde et à préparer l'Afrique à s'insérer dans le mouvement de la mondialisation de manière à préserver son potentiel social, économique et politique* [103]». Ce défi est donc celui auquel vient s'attaquer l'acte constitutif de 2000 adopté à l'unanimité par la conférence des chefs d'Etat et de gouvernement de l'OUA lors de la 36ème session tenue à Lomé le 11 juillet, acte qui entrera en vigueur le 26 Mai 2001.

Dès le préambule de cet acte, contrairement à la charte de l'OUA, les considérations liées aux problèmes d'intégration apparaissent très clairement comme objectifs primordiaux ayant motivé l'adoption de l'acte même si la question de la portée juridique des préambules reste encore une problématique à laquelle les juristes restent plus ou moins réticents. Dans un élan de conviction politique les Etats Africains sont : « *convaincus de la nécessité d'accélérer le processus de mise en œuvre du Traite*

---

101 *Ibid.*

102 Lors de son allocution au forum de la diaspora africaine à Washington DC, en Décembre 2002. Voir *Ibid.*

103 Conférence des chefs d'Etat et de Gouvernement de l'OUA, 35ème Session ordinaire, OUA Doc. AHG/Dec.140 (XXXV).

instituant la Communauté économique africaine afin de promouvoir le développement socio-économique de l'Afrique et de faire face de manière plus efficace aux défis de la mondialisation[104] ».

Il faut rappeler que cette considération bien que plus importante avec l'UA n'est pas nouvelle puisque dans sa thèse sur le Droit International Africain, Joseph-Marie Bipoun-Woum fait une remarque relative aux réalisations de la coopération interafricaine en soulignant l'objet économique comme revêtant un caractère essentiel[105]. Même si finalement les Etats Africains, dans leur détermination à renforcer leur coopération économique se sont imprégnés de ces objectifs de l'Acte constitutif de 2000 pour élaborer la mise en œuvre de la ZLECAf, n'en demeure pas moins que pour les juristes, ces motivations sont largement politiques et potentiellement quasi-juridiques à certains égards, puisque le domaine du droit international et des rapports interétatiques reste largement politisé.

La définition générale qui fait du préambule un ensemble d'énoncés précédents la règle de droit se heurte à tout esprit positiviste qui l'exclurait éventuellement du champ normatif. Dans le cadre de la charte des Nations Unies, traité internationalement admis par l'ensemble des Etats, la question de la valeur juridique de son préambule fut également posée. Avait-il force obligatoire ? Liait-il les Etats ? L'opinion communément admise c'est qu'il n'y pas de force contraignante aux préambules[106]. Pour la cour internationale de justice « *le*

---

[104] Acte Constitutif de l'UA de 2000, Alinéa 6 du préambule.

[105] La nécessité économique au sens large du terme incluant aussi bien l'accueil des investissements étrangers ou les transports que l'exploitation et la mise en valeur des fleuves interafricains a permis de limiter considérablement et objectivement les pouvoirs des Etats puisqu'il s'agit là des questions relatives à leur survie. **Voir** Joseph-Marie Bipoun-Woum, *op. cit.* p. 156.

[106] Au sujet du préambule de la Charte des Nations Unies : lors de son élaboration en 1945, l'idée même d'inclure un préambule au texte posait un problème au représentant soviétique, qui aurait déclaré à son homologue américain : « Ce n'est pas de la poésie, ma petite dame, c'est de la politique », rapporté par J. P. Cot, A. Pellet, La charte des Nations Unies, Paris, 1985, p. 4. Bien sûr, un juriste positiviste comme Kelsen déniait toute valeur juridique au préambule de la Charte au nom, là encore, de l'imprécision et du flou des termes

préambule n'a pas de valeur normative. Il se borne à énumérer les considérations qui ont présidé à la rédaction du dispositif qui, seul, engage les États signataires. En droit international public, le préambule est un exposé des motifs. À ce titre, il n'a pas force obligatoire, mais constitue, au plus, un élément d'interprétation du traité ou de la convention[107] ».

Ainsi au-delà du fait que la force juridique lui est déniée, le fondement africain contenu dans le préambule de l'accord inspiré de l'acte constitutif permet aux Etats africains dans le cadre de la mise en œuvre de la ZLECAf d'avoir en mémoire l'objectif qui est de renforcer une coopération intra-africaine plus étroite par cet accord. Cette approche peut d'ailleurs être interprétée comme fondant l'engagement politique accru des Etats africains ayant adhéré à l'accord sur la ZLECAf.

Lors de sa première conférence sur le sujet, Monsieur Wamkele Mene faisait comprendre qu'il s'agit d'un des premiers instruments ratifiés de manière rapide par les Etats africains depuis la mise en place de l'OUA devenue UA. A l'heure actuelle 36 ratifications et 54 signatures sur les 55 Etats sur le continent[108]. En outre, l'agenda 2063 vient compléter ces aspirations globales et générales en mettant une obligation morale et donc juridiquement non contraignante à la charge des Etats africains pour accélérer le processus de la ZLECAf[109].

Mais au-delà de l'acte constitutif, c'est avant tout la base juridique contenue dans le traité de la CEA d'Abuja qui demeure largement déterminant en termes de feuille de route qui a balisé le chemin à la mise en place de l'accord.

---

employés, (The Law of the United Nation, Londres, 1950, p. 3-12). **Cité** par François Seignalet-Mauhourat, « La valeur juridique des préambules des ordonnances royales », Revue historique de droit français et étranger (1922-), AVRIL-JUIN 2006, Vol. 84, No. 2 (AVRIL-JUIN 2006), pp. 231.

[107] CIJ, Rec. 1952, p. 196. *Ibid.*

[108] **Voir** *infra.*, annexe 4.

[109] Agenda 2063, l'Afrique que nous voulons, Édition finale publiée en avril 2015 © Commission de l'Union Africaine, Point 72 (h).

B. Le traité d'Abuja

Si la charte constitutive de l'OUA était rédigée dans une approche de lutte, de libération et d'affirmation d'une Afrique unie contre l'oppresseur et que les considérations tenant à une coopération économique étaient largement occultées comme souligné plus haut, il n'en demeure pas moins que la charte dans le cadre des prérogatives qu'elle octroie aux parties prenantes donne à la conférence des chefs d'Etats de l'OUA la possibilité élargie d' « *étudier les questions d'intérêt commun pour l'Afrique, afin de coordonner et d'harmoniser la politique générale de l'Organisation. Elle peut, en outre, procéder à la révision de la structure, des fonctions et des activités de tous les organes et de toutes les institutions spécialisées qui pourraient être créés conformément à la présente Charte*[110] ».

C'est sur la base de cette disposition que de nombreux projets dont le traité d'Abuja de 1991 sont juridiquement fondés de 1963 à 2000[111]. Signé le 3 juin 1991, le traité d'Abuja crée la Communauté Economique Africaine (CEA) en tant que partie intégrante de l'OUA conformément à l'article 98 dudit traité. Le traité « *entrera en vigueur trente jours après le dépôt des instruments de ratification par les deux tiers des Etats membres*[112] ». Cette disposition sera effective le 12 Mai 1994, en dépit du fait que l'Acte constitutif de l'UA viendra abroger la charte de l'OUA, le traité n'a quant à lui pas été abrogé. Toutefois, les dispositions de l'Acte ont la primauté sur toute disposition contraire ou divergente du traité [113].

Cet aboutissement fut le fruit d'un long processus qu'il faut rappeler car l'OUA a été créé sur la base d'une vision de

---

[110] Article VIII de la charte de l'OUA de 1963

[111] Blaise TCHIKAYA, *op. cit.* p.188.

[112] Article 101 du Traité Instituant la Communauté Economique Africaine de 1991.

[113] Article 33 & 2 de l'Acte Constitutif de l'UA de 2000 dispose en ces termes cette primauté de l'Acte « Les dispositions du présent Acte ont également préséance et remplacent les dispositions du Traité d'Abuja instituant la Communauté économique africaine, qui pourraient être contraires au présent Acte. »

coopération souple et très limitée. Elle fut l'expression du classicisme des organisations internationales. En matière de coopération économique, « *le premier texte important n'intervient qu'à l'occasion du dixième anniversaire de l'Organisation, avec l'adoption le 25 mai 1973 de la déclaration sur la coopération, le développement et l'indépendance de l'Afrique qui esquisse la nouvelle stratégie économique de coopération et d'intégration qui intègre les aspects régionaux et sous-régionaux. Le principe d'une communauté économique est acquis en décembre 1976 et en juillet 1977, lorsque respectivement le conseil des ministres puis les chefs d'Etats l'entérinent*[114] ».

En 1979 les chefs d'Etats prennent à Monrovia l'engagement de « *préparer la voie à l'établissement d'un marché commun africain, prélude à une communauté économique africaine* ». En 1980 le sommet de Lagos prend note du projet et établit un plan d'action pour institutionnaliser le projet avant l'an 2000 avec des étapes entre 1980 et 1990[115]. Ce traité contrairement à la charte de l'OUA est totalement tourné vers la création d'une communauté intégrée qui privilégie les aspects économiques avec globalement deux objectifs qui figurent à la lecture dudit traité : des objectifs généraux tenant au développement économique de l'Afrique et une meilleure insertion dans le

---

[114] Ahmed Mahiou, *op. cit.* p. 800.

[115] « *Cet événement est passé inaperçu car il est éclipsé par deux autres événements plus dramatiques que sont la guerre du Golfe et ses conséquences, d'une part, les bouleversements qui affectent l'Union soviétique, d'autre part ; le manque d'intérêt pour le traité d'Abuja est aussi la confirmation de la marginalisation de l'Afrique qui ne retient plus l'attention de la communauté internationale qu'épisodiquement par le biais de tel ou tel drame de la guerre civile et de la famine (...)* ». **Voir** *Ibid.*
Les conclusions du symposium de Monrovia ont été revues par la cinquième conférence des Ministres de la commission économique pour l'Afrique (Rabat, 20-28 mars 1979), qui adopte en même temps le document portant « stratégie de développement économique de l'Afrique ». A Lagos, les chefs d'Etat ont adopté la déclaration finale, le plan d'action de Lagos pour le développement économique de l'Afrique et L'Acte final de Lagos (Annexe I au plan d'action) dans le but de mettre en œuvre cette stratégie de développement économique de l'Afrique. **Voir** ABDULQAWI A. YUSUF et FATSAH OUGUERGOUZ, *L'union Africaine : cadre juridique et institutionnel, op. cit. p. 170.*

commerce mondial, et des objectifs plus spécifiques sur la création d'une union économique et monétaire panafricaine (UEMP)[116]. Ce dernier objectif sera repris dans l'article 3 (d) de l'accord portant création de la ZLECAf. Quelques mots seront dits sur le sujet dans le développement y relatif également[117].

Le premier objectif de ce traité comme l'on peut le constater concerne la traditionnelle question du développement économique de l'Afrique pouvant permettre son intégration au commerce multilatéral. Pour combler les carences sur la question dans la charte de l'OUA, il était important pour les Etats africains d'adopter ce traité et il convient de remarquer que dès son préambule, le traité effectue le constat des *« facteurs de toutes natures qui entravent le développement du continent et compromettent ainsi gravement l'avenir des peuples (...) Constatant que l'intégration africaine est une condition essentielle pour la réalisation des objectifs de l'OUA*[118] ». Le traité devrait dans le cadre de cet objectif « *promouvoir la coopération et le développement dans tous les domaines de l'activité humaine en vue d'élever le niveau de vie des peuples africains (...)*[119] ».

La finalité c'est de pouvoir donner aux Etats africains les outils nécessaires à l'insertion au commerce international. En effet, sortis des indépendances, les Etats africains avaient adopté une stratégie de type « *autarcique marquée par les plans nationaux de développement et une fermeture des frontières se traduisant par des barrières commerciales (douanières élevées)*[120] ». Cependant cette politique n'a produit que des résultats décevant

---

[116] Article 4 du traité d'Abuja créant la CEA.
[117] **Voir** *Infra.*, Chapitre 1., Section 1., Paragraphe 1 du développement.
[118] Extrait du préambule du traité instituant la CEA.
[119] Article 4 (c).
[120] « *Les premiers mouvements d'intégration portent les stigmates de cette stratégie (substitution de produits locaux aux importations par exemple). Elle était doublée d'une contestation de l'ordre économique néolibéral issu de la deuxième guerre mondiale, par la recherche d'un nouvel ordre économique plus équilibré et plus juste* ». ABDULQAWI A. YUSUF et FATSAH OUGUERGOUZ, *L'union Africaine : cadre juridique et institutionnel, op. cit. p. 173.*

dans les années 1980, le PIB par habitant équivalait à celui d'une ville de 60 000 par hab. d'un pays du nord et l'ensemble du continent pèse moins de 3% dans les échanges mondiaux[121]. La CEA vise donc à renverser cette tendance et faire du libéralisme régional et/ou continental un moyen « *pour affronter la compétition internationale*[122] ».

Le deuxième objectif, plus important, assez complexe sans doute fut l'idée de mettre en place une Union Economique et Monétaire Panafricaine (UEMP) considérée comme étant une condition *sine qua non* de la réalisation de l'objectif général mentionné en premier. Ce dernier serait la terminaison du processus d'intégration continentale africaine qui va dépasser le cadre d'une simple union douanière et d'un marché commun. Mais bien avant d'arriver à cet objectif qui est une finalité dans la logique de coopération instaurée par le traité d'Abuja, le processus d'avant est décrit en six étapes dans l'article 6 du traité portant sur les modalités de mise en place de la communauté dans une période qui fut estimée à 34 ans environ[123].

Il faut premièrement selon l'approche du traité, arriver à consolider les communautés régionales déjà existantes[124] même

---

[121] Ces chiffres n'ont pas varié jusqu'à aujourd'hui et certains se sont même détériorés. C'est le cas des échanges commerciaux mondiaux dans lesquels l'Afrique a vu sa part chuter de 4% à 2% entre 1970 et l'an 2000. Voir P. Hugon (dir.), *Les économies en développement à l'heure de la régionalisation*, Karthala, Paris, 2003, p. 16. **Cité** par ABDULQAWI A. et FATSAH O. *Ibid.*

[122] L'article 42 du traité fait la promotion des échanges intra-communautaires des matières premières (42. 1 & a) ; ainsi que des échanges sud-sud dans le cadre de la coopération sud-sud au sens large (42. 1 & b) ; des échanges « Nord-Sud » et participer aux cycles des négociations commerciales du GATT (42. 1 & c).

[123] Aricle 6 (5) du traité de la CEA « Cette durée ne peut excéder 40 ans ». Tenant compte de l'entrée en vigueur du traité en 1994, le processus d'intégration devrait s'achever au plus tard 2030 normalement.

[124] Article 6 & 2 (a) du traité de la CEA. « *Idéalement une communauté économique par région du continent, réparti artificiellement en cinq régions dans cette perspective : Afrique du Nord, Afrique de l'Est, Afrique de l'Ouest, Afrique Centrale et Australe (...). Ainsi en Afrique du Nord, l'Union Maghreb Arabe (UMA) fût retenue, tandis qu'en Afrique Centrale ce sera la Communauté économique des Etats de l'Afrique Centrale (CEEAC), et en Afrique de l'Ouest, la Communauté économique des Etats de l'Afrique de*

si pour certains, ces communautés seraient le résultat de la colonisation et qu'il fallait s'en débarrasser car elles constituent une menace à l'unité nationale[125]. Une deuxième étape devrait suivre pour durer tout aux plus huit ans après la première. Elle consistera à la stabilisation des barrières tarifaires, non tarifaires et des taxes à l'intérieur des CER[126].

La troisième étape devrait mettre en place une zone de libre-échange au sein de chaque CER sur une durée qui n'excéderait pas 10 ans et ce dans l'optique d'adopter au final un tarif extérieur commun[127]. Pour certains auteurs, « *cette étape est l'une des plus nobles ; toutefois, c'est également l'une des plus difficiles. Comment en effet, faire en sorte que toutes ces communautés atteignent ce niveau quand l'on sait qu'elles ont chacune leur propre calendrier de libéralisation selon le choix et les réalités politiques et économiques de leurs Etats ? L'une des faiblesses de la CEA réside ici par ailleurs : elle fixe des échéances aux CER sans pour autant être maître des programmes de ces derniers*[128] ».

---

l'Ouest (CEDEAO). A ces organisations s'ajouteront plus tard la communauté de développement de l'Afrique Australe (SADC) puis l'Autorité Intergouvernementale pour le développement (IGAD). Plus récemment le COMESA (Marché commun de l'Afrique Centrale et Orientale), l'EAC (reconstitué en 1999) puis la communauté des Etats Sahelo-sahariens (CEN-SAD) ont été reconnus comme CER de la CEA. Aujourd'hui, huit CER composent donc la CEA (...) ». **Voir** ABDULQAWI A. et FATSAH O. *Op. Cit. p. 176.*

125 « *Pour les uns, les organisations régionales ne sont que la reproduction des divisions de l'Afrique, particulièrement celles de la période coloniale et post-coloniale qui a balkanisé le continent ; il faut non seulement s'abstenir de créer de tels regroupements, mais remettre en cause et dissoudre les organisations existantes qui constituent des obstacles à l'unité continentale. Pour les autres, les organisations régionales sont le point de départ du processus de coopération puis d'intégration et il convient donc d'encourager leur multiplication et leur consolidation, en privilégiant les aspects économiques ou techniques et en tenant compte des solidarités et spécificités de chaque ensemble* ». **Voir** Ahmed Mahiou, *op. cit.* p. 799.

126 Article 6 & 2 (b) du traité de la CEA.

127 Article 6 & 2 (c) du traité de la CEA.

128 ABDULQAWI A. et FATSAH O. *Op. Cit. p.* 177.

La quatrième étape, la plus courte selon les termes du traité met en place dans un délai de deux ans une coordination et harmonisation des systèmes tarifaires et non tarifaires entre les différents CER en vue d'une union douanière au niveau continental[129]. Cette étape dans un court délai nous parait très peu réaliste dans la mesure où même les coordinations internes au sein de chaque CER est très compliquée d'un point de vue politique et juridique. D'ailleurs le défi de la ZLECAf c'est de remédier à de tels manquements[130].

L'avant dernière étape (la cinquième) consiste à l'établissement d'un marché commun qui permettrait de mettre en œuvre un tarif communautaire tout en imposant le développement des politiques communes sectorielles dans des domaines d'intérêts communs[131]. Enfin l'étape ultime attendue normalement courant 2028 (sixième étape) est l'adoption d'une union économique et monétaire panafricaine (UEMP) soutenue par un fonds monétaire africain ainsi qu'une banque centrale africaine avec une monnaie unique africaine[132].

Le traité d'Abuja semble être comme on pouvait dire de la charte de La havane, un « traité mort-né » dans son application à cause de la précipitation de son adoption et de l'ambition assez importante qu'elle comporte. Aujourd'hui, la naissance de la ZLECAf reprend l'idée de fond contenue dans le traité, mais ses aspects institutionnels et juridiques s'en éloignent un peu. D'abord, la CEA devrait être l'instance institutionnelle qui devrait mettre en place les ZLE, mais tel ne fut guère le cas. Ensuite le traité est resté dans un champ assez flou depuis l'avènement de l'UA dont les organes essaient de gérer des

---

129 Article 6 & 2 (d) du traité de la CEA.

130 Les développements relatifs à la problématique de l'affiliation des Etats africains à plusieurs CER seront abordés dans le chapitre 1 de la Partie II. **Voir** *Infra.*,

131 Article 6 & 2 (e) du traité de la CEA.

132 Article 6 & 2 (f) du traité de la CEA.

préoccupations politiques et penser à un processus d'intégration[133]...

Cela est très compliqué et n'a pas favorisé le respect du calendrier établit par le traité puisqu'au-delà des organes communs (Conférence des chefs d'Etat, Conseil des ministres), la CEA devrait avoir ses organes spécialisés (cour de justice, comités techniques spécialisés, secrétariat[134]). Mais qu'à cela ne tienne, peut-on espérer qu'avec la ZLECAf il y aura un rebond dans les espérances de coopération africaine avec une vision plus intégrée en dépit du fait que le traité de la CEA semble être repris de manière incohérente avec retard ?

Section 2 : Un accord avec une vision plus intégrée de coopération

« *L'intégration et la coopération sont deux variantes des relations internationales qui traduisent les différents degrés auxquels sont arrivés les acteurs internationaux dans leurs rapports mutuels. Ces deux concepts et la réalité qu'ils recouvrent montrent que les relations internationales ne sont pas seulement conflictuelles et menées par des souverainetés animées par leurs égoïsmes*[135] ». Pour des auteurs comme Bertrand Badie, parler de l'intégration c'est évoquer un « *processus par lequel se tissent des liens multiples soit entre Etats, soit directement entre communautés nationales jusqu'à un seuil remettant en cause au moins partiellement, le principe même de la souveraineté nationale*[136] ».

---

[133] On pourrait reprendre cette remarque de David Mitrany pour exprimer l'inefficacité de l'UA dans ce domaine. En effet ce dernier qui estime que l'UA n'est pas une organisation fonctionnelle dans sa configuration. C'est une organisation plutôt généraliste c'est-à-dire une organisation qui entend s'occuper de tous les problèmes qui se posent aux Etats et peuples africains. **Voir** Guy MVELLE, *Intégration et coopération en Afrique : la difficile rencontre possible entre les théories et les faits*, L'Harmattan, 2014, p. 35.

[134] Article 7 de la CEA.

[135] Guy MVELLE, *ibid.*, p. 9.

[136] Bertrand BADIE, Pierre BIRNBAUM et Philippe BRAUD, *Dictionnaire de la science politique et des institutions politiques*, 6e Edition, Armand Colin, 2015, p. 156.

Or il paraît très marginal d'accoler cette définition de manière systématique à la réalité des coopérations africaines à l'heure actuelle sous l'égide de l'UA. On pourrait s'atteler à dire qu'il y a au niveau institutionnel un principe de coopération intergouvernementale qui essaie tant bien que mal, balbutiant un peu, mais avec une volonté politique affichée d'avancer. C'est la raison pour laquelle à la lecture des articles 3 et 4 de l'accord portant sur la ZLECAf, il y a une audace qui qualifie ses objectifs (**paragraphe 1**), avec des principes relativement clairs pour une vision plus intégrée de coopération (**paragraphe 2**).

Paragraphe 1 : Des objectifs audacieux de coopération

Les articles 3[137] et 4[138] de l'accord font ressortir deux grands objectifs que les Etats africains se sont donnés de réaliser. D'une

---

[137] Article 3 de l'AZLECA intitulé « **objectifs généraux** » : *Dans ses objectifs généraux, la ZLECAf vise à : (a) créer un marché unique pour les marchandises et les services facilité par la circulation des personnes afin d'approfondir l'intégration économique du continent africain et conformément à la vision panafricaine d'une « Afrique intégrée, prospère et pacifique » telle qu'énoncée dans l'Agenda 2063 ; (b) créer un marché libéralisé pour les marchandises et services à travers des cycles successifs de négociations ; (c) contribuer à la circulation des capitaux et des personnes physiques et faciliter les investissements en s'appuyant sur les initiatives et les développements dans les États parties et les CER ; (d) poser les bases de la création d'une union douanière continentale à un stade ultérieur; (e) promouvoir et réaliser le développement socio-économique inclusif et durable, l'égalité de genres et la transformation structurelle des États parties ; (f) renforcer la compétitivité des économies des États parties aux niveaux continental et mondial ; (g) promouvoir le développement industriel à travers la diversification et le développement des chaînes de valeurs régionales, le développement de l'agriculture et la sécurité alimentaire ; et (h) résoudre les défis de l'appartenance à une multitude d'organisations qui se chevauchent, et accélérer les processus d'intégration régionale et continentale.*

[138] Article 4 de l'AZLECA intitulé « **objectifs spécifiques** » : *Aux fins de la réalisation des objectifs énoncés à l'article 3, les États parties : (a) éliminent progressivement les barrières tarifaires et non-tarifaires au commerce des marchandises ; (b) libéralisent progressivement le commerce des services ; (c) coopèrent en matière d'investissement, de droits de propriété intellectuelle et de politique de concurrence ; (d) coopèrent dans tous les domaines liés au commerce; (e) coopèrent dans le domaine douanier et dans la mise en œuvre des mesures de facilitation des échanges ; (f) établissent un mécanisme de règlement des différends '''concernant leurs droits et obligations ; et (g)*

part, dans l'optique de renforcer la compétitivité et soutenir la transformation économique africaine, il apparaît nécessaire de libéraliser le commerce intra-africain (**A**) ; et d'autre part d'avoir selon la vision d'Abuja une perspective d'assimilation plus poussée dans ce processus de coopération pouvant tendre s'il le faut, à une union douanière continentale (**B**).

A. La libéralisation du commerce intra-africain pour promouvoir le développement

Dans son document de travail de 2012 intitulé *« **intensification du commerce intra-africain : questions liées au commerce intra-africain** »,* document qui dresse un cadre pour l'accélération de la mise en place d'une Zone de libre-échange continentale, la conférence des chefs d'Etats de l'UA effectue un constat sur l'importance du libre-échange commercial en ces termes :

> « *Le commerce permet aux pays de se spécialiser et d'exporter des marchandises qu'ils peuvent rentablement produire, en échange de ce que les autres pays peuvent fournir à bon marché. Le commerce permet également d'obtenir les moyens matériels en termes de biens d'équipement, de machines, de matières premières et de produits semi finis, qui sont essentiels pour la croissance. C'est cela la force motrice du développement économique. Il s'ensuit que si le commerce est le moteur de la croissance et du développement, alors la levée des barrières qui l'entravent ne ferait que renforcer son impact. A cet égard, le libre-échange constitue un instrument important pour le retrait de ces entraves et la promotion de l'accroissement du volume des échanges commerciaux entre les pays africains*[139] ».

Cette importance du commerce internationale est largement reconnu et Georges Scelles, fervent partisan de l'idée d'une société internationale où les souverainetés étatiques seraient moins importantes que la position des peuples, affirmait déjà que

---

établissent et maintiennent un cadre institutionnel de mise en œuvre et de gestion de la ZLECAf.

[139] Document Assembly/AU/2(XVIII), p. 2.

« *la société internationale ne résulte non pas de la coexistence et de la juxtaposition des Etats mais au contraire de l'interpénétration des peuples par le commerce international. Il serait bien curieux que le phénomène de sociabilité qui est à la base de la société étatique s'arrêta aux frontières des Etats* ». Théorisé par les économistes[140] avant l'avènement des Etats africains sur la scène internationale, la tendance générale au profit du libéralisme économique de manière générale et du libre-échange commercial est aujourd'hui devenu incontournable.

Le rôle de l'Etat dans cette configuration a parfois été même contesté, tantôt devenant un régulateur du jeu invisible, tantôt interventionniste pour réglementer, voire protectionniste pour mettre un frein. Il y a néanmoins une réalité induite par la mondialisation depuis les années 1990, c'est que le libéralisme est devenu incontournable dans les relations inter-étatiques.

La libéralisation du commerce trouve sa définition dans la jurisprudence de la Cour Permanente de Justice Internationale. En effet selon la devancière de la Cour Internationale de Justice, « *la liberté du commerce, (...) est la faculté, en principe illimitée, de se livrer à toute activité commerciale, que celle-ci ait pour objet le négoce proprement dit c'est-à-dire la vente et l'achat des marchandises, ou qu'elle s'applique à l'industrie et notamment à l'industrie des transports, qu'elle s'exerce à l'intérieur ou qu'elle s'exerce avec l'extérieur par importation ou exportation*[141] ».

Plus tard, cette définition sera reprise par la CIJ dans l'affaire des plateformes pétrolières où la définition de la CPJI sera étendue par la cour aux activités immatérielles et accessoires[142].

---

[140] Nous rappelons qu'au XIXe siècle fut dominé par les idées libérales des Adams Smith, David Ricardo, Jhon Stuart-Mill ou Jean-Baptiste Say qui plaidèrent avec succès la cause du libre-échange. De leur côté, les Etats se contentèrent d'assurer le respect du contrôle des règles du jeu… Il y eut à cette époque, selon l'expression W. Ropke, une véritable « *dépolitisation de la sphère économique* ». **Voir** C. Dominique, *op. cit.* p. 2.

[141] Arrêt du 12 décembre 1934, CPJI, *Affaire Oscar Chin*, Série A/B63, p. 84.

[142] « *Ainsi la liberté du commerce a été entendue par la Cour permanente comme ne visant pas seulement des activités d'achat et de vente de biens, mais encore l'industrie et notamment l'industrie des transports. La Cour conclut de tout ce qui précède qu'il serait naturel d'interpréter le mot « commerce » au*

L'importance de l'activité commerciale est donc telle que les Etats et les grandes institutions au premier rang desquels les Nations Unies et l'UA ne peuvent l'ignorer ou s'en désintéresser au profit des personnes privées[143]. C'est pourquoi l'accord sur la ZLECAf apparaît essentiel dans la dynamisation du commerce intra-africain.

Il convient de rappeler que la libéralisation des échanges commerciaux poursuit dans le cadre de la l'accord ZLECAf un programme d'intégration en tant que stratégie collective de développement et de transformation, qui doit conduire à la création éventuelle d'un marché continental. L'intégration régionale aide à agrandir les marchés, à encourager une plus grande compétition et à améliorer la position politique dans différents domaines du programme de développement. Il s'agira à cet effet pour la ZLECAf de « *créer un marché libéralisé pour les marchandises et services à travers des cycles successifs de négociations* [144]», s'inscrivant *de facto* dans l'idée générale de la politique des Etats ou des Unions douanières (l'UE) dont l'objectif est de faire du libre-échange un instrument de développement supérieur au protectionnisme[145].

---

paragraphe 1 de l'article X du traité de 1955 comme incluant des activités commerciales en général - non seulement les activités mêmes d'achat et de vente, mais également », **Voir** CIJ, *affaire des plateformes pétrolières* (République islamique d'Iran c. Etats-Unis d'Amérique), 12 Décembre 1996, par. 48-49.

[143] « Ils (les Etats) concluent des traités et créent des institutions internationales pour le réguler. Ces stipulations conventionnelles et les règles régissant ces institutions internationales se traduisent par des normes qui composent le droit international public du commerce (sous-ensemble du droit international économique qui englobe également, notamment, le droit des investissements internationaux et le droit des relations monétaires et financières) ». **Voir** Jacques BEGUIN, Michel MENJUCQ, *Droit du Commerce International*, 3e Editions Lexis Nexis, 2019, p. 2.

[144] Article 3 (b) de l'accord.

[145] D'ailleurs, l'ordre économique néolibéral qui avait vu le jour après la deuxième guerre mondiale selon Dominique Carreau, ne pouvait être que d'origine conventionnelle pour lutter contre les errements nationalistes et protectionnistes. De ce fait, l'OMC par exemple bataille pour que les Etats renoncent progressivement aux tentations protectionnistes et l'Union européenne repose depuis l'origine pour les relations entre Etats membres sur

Il s'agit là d'un objectif répondant dans le cadre africain, à une nécessité dans la mesure où l'analyse des flux et de la structure des échanges commerciaux de l'Afrique fait apparaitre un certain nombre de messages importants : les importations et exportations intra CER sont dominées par une poignée de pays. L'Union européenne et les Etats-Unis sont les principales destinations des exportations africaines, mais l'Asie en général et la Chine en particulier constituent également des marchés importants pour les exportations de l'Afrique. A l'instar des exportations, les principales sources des importations africaines se trouvent à l'extérieur du continent. En général, les exportations intra CER ont enregistré une croissance moyenne de 15%, la croissance dans les exportations intra CER était de 25%. Ce qui signifie que le commerce limité au sein des CER est moins optimal que le commerce au niveau continental. A cet égard, la leçon à tirer, c'est qu'il faut redoubler d'efforts en vue d'harmoniser les marchés communautaires, pour créer un grand marché continental, étant donné que les intérêts commerciaux des pays ne sont pas nécessairement limités aux frontières de leurs CER[146].

Il faudrait donc une baisse globale des droits de douane pour obtenir des effets notables sur les flux commerciaux dans la région. À terme, l'élimination des droits sur 90 % des flux existants qui constitue l'objectif le plus ambitieux visé par la ZLECAf entraînerait une augmentation d'environ 16 % du commerce régional (16 milliards de dollars). Ces réductions

---

le principe de libre circulation des marchandises. L'article 9 du Traité de Rome tel que modifié et consolidé en 2002 par le Traité de Nice (article 23) stipule à titre illustratif que « *la Communauté est fondée sur une union douanière qui s'étend à l'ensemble des échanges de marchandises et qui comporte l'interdiction, entre les États membres, des droits de douane à l'importation et à l'exportation et de toutes taxes d'effet équivalent, ainsi que l'adoption d'un tarif douanier commun dans leurs relations avec les pays tiers* ». La ZLECAf reste pour le moment à une étape de libre-échange simple sans tarif extérieur commun comme l'UE.

[146] Consulter les documents préparatoires de l'Assembly/AU/2(XVIII) de 2012, complété par le document **Afrique Renouveau**, *Le commerce en Afrique : une affaire inachevée*, publié en Août 2014 disponible sur AfriqueRenouveau | Informations et analyses sur l'Afrique en direct de l'ONU (un.org).

devraient être complétées par des politiques ciblant les obstacles non tarifaires[147].

La méthode adoptée par l'accord serait de libéraliser de manière progressive et linéaire. Cependant étant donné que les négociations sont en cours, il appartiendra à chaque Etat de soumettre une liste tarifaire pouvant donner lieu à une libéralisation, ainsi, même si un pays a ratifié l'accord mais qu'il n'a pas soumis une liste de concessions tarifaires, il ne peut commencer à commercer valablement[148].

En outre, l'accord intègre des objectifs qui vont au-delà de la simple libéralisation du commerce intra-africain. La perspective d'une union douanière est affichée comme une finalité de l'intégration entreprise par les Etats africains.

B. La perspective d'une union douanière continentale

C'est l'alinéa (d) de l'article 3 qui met à la charge de la ZLECAf une mission d'intégration. Selon ses termes, l'objectif de la zone via cet accord sera de « *poser les bases de la création d'une union douanière continentale à un stade ultérieur* ». Une distinction peut être opérée à ce niveau quant au phénomène de coopération et d'intégration qui traduisent de façon formelle une manifestation des interdépendances entre les Etats. En effet, « *l'intégration est plus poussée que la coopération* (…). *Pour Ernst Haas, l'intégration est un processus dans lequel les élites transfèrent leurs loyautés, attentes et activités politiques vers un nouveau centre dont les institutions possèdent et revendiquent*

---

[147] *Ibid.*,

[148] Si les signataires se sont mis d'accord pour éliminer progressivement les droits de douane sur les marchandises circulant dans la zone, ils doivent encore établir la liste des biens qui seront concernés par l'exemption et ceux qui ne le seront pas. Représentant un marché de 1,2 milliard de personnes, la Zleca (AfCFTA, en anglais) doit accroître le commerce intra-africain et générer près de 3,4 milliards de dollars de richesses, selon les estimations de l'UA. **Voir** l'article de Jeune Afrique « Objectif janvier 2021 pour la Zone de libre-échange continentale », publié le 12 juin 2020 à 11h03 | Par Estelle Maussion.

des compétences supérieures à celle des Etats nationaux préexistants[149] ».

L'union douanière traduit dans cette optique l'étape intermédiaire entre la phase la plus aboutie du processus notamment le marché commun marqué par une union économique et monétaire, et la zone de libre-échange à l'image de la ZLECAf qui promeut une simple réduction des barrières tarifaires et non tarifaires pouvant permettre une libre concurrence de certaines marchandises, biens et services produits à l'espace régional. Les unions douanières sont des zones de libre-échanges affermies qui se dotent de politiques commerciales extérieures communes avec en l'occurrence une tarification unique des marchandises extérieures à la zone, une redistribution des recettes douanières (Etats membres) entre autres[150].

C'est une perspective largement adoptée au cours de l'histoire[151] même si le but était de renforcer les économies nationales des Etats membres. L'OMC quant à elle encourage une plus grande ouverture permettant de ne pas constituer un obstacle à une libéralisation générale du commerce mondial selon son article XXIV[152].

Dans le projet de la CEA, cette perspective apparait comme étant l'avant dernière étape au processus de l'intégration amorcée par

---

[149] Guy MVELLE, *op. cit.* p. 10.

[150] L'article 26 du Traité sur l'UE et du traité instituant la communauté européenne de 2002 stipule par exemple au sujet du TEC que « *les droits du tarif douanier commun sont fixés par le Conseil statuant à la majorité qualifiée, sur proposition de la Commission* ».

[151] Bien avant l'expérience européenne ouverte par le traité de Rome, les unions douanières avaient plus ou moins fleuri. Nous citerons l'ouvrage sur l'essai historique et critique de Bosc. Louis de 1904, ou encore Maurice ''Union Douanière et données'', économie appliquée de 1950. **Voir** Abdoul SALAM BELLO, *op. cit.*, p. 54.

[152] Du point de vue de la stratégie du multilatéralisme développé notamment par l'OMC, ce sont les effets bénéfiques des unions douanières qui stimulent la croissance mondiale.

la coopération[153]. L'idéal de la coopération réside dans le fait qu'il s'agit d'« *un mode des relations internationales qui implique la mise en œuvre d'une politique poursuivie pendant une certaine durée de temps et destinée à rendre plus intimes, grâce à des mécanismes permanents, les relations internationales dans un ou plusieurs domaines déterminés, sans mettre en cause l'indépendance des unités concertées*[154] ».

Dans la poursuite de cette démarche, l'opérationnalisation de cette perspective se fait selon l'esprit du traité de la CEA mais il faudrait pour que cela fonctionne, qu'il y ait un degré d'intégration et d'assimilation conséquent de toutes les CER avec l'instauration de tarifs extérieurs communs au sein de chacune d'entre elles. Or il apparait que depuis 1994 c'est-à-dire l'entrée en vigueur du traité d'Abuja, le bilan des intégrations régionales qui devraient constituer les bases pour l'union douanière continentale est très incohérente et mitigée dans l'ensemble. La CEA selon l'UA devrait être composée de huit CER pour arriver à l'union douanière continentale. A l'heure actuelle, le continent est à quatorze CER[155].

Cela induit des difficultés de coordination et d'application des normes qui seront explorées dans les défis de l'accord[156]. La ZLECAf mentionne *de facto* une perspective qui relève de sa

---

[153] Pour les détails relatifs aux différentes étapes de l'intégration étudiée dans le cadre du traité d'Abuja. *Conf. Supra.*, sur la partie (B) relative au traité d'Abuja.

[154] Citation de P.F. Godnidec, **Cité** par Togba ZOGBELEMOU, *Droit des organisations d'intégration économique en Afrique* (CEDEAO-CEMAC-UEMOA-ZMAO), L'Harmattan, 2014, p. 24.

[155] Les CER reconnus par l'Union Afrique dans le cadre de l'intégration régionales sont : L'Union du Maghreb arabe (UMA) ; Marché commun de l'Afrique orientale et australe (COMESA) ; Communauté des États Sahélo Sahariens (CEN–SAD) ; Communauté d'Afrique de l'Est (CAE) ; Communauté économique des États de l'Afrique centrale (CEEAC) ; Communauté économique des États de l'Afrique de l'Ouest (CEDEAO) ; Autorité Intergouvernementale sur le Développement (IGAD) ; Communauté de développement de l'Afrique australe (SADC). On se demande parfois pourquoi avoir d'autres CER sous-régionales comme l'UEMOA, la CEMAC ? La CEA ne les prend normalement pas en compte mais ne peut les ignorer. Elle les incite à fusionner.

[156] **Voir** *infra.* Partie II/ Chapitre 1/ Section 1 /Paragraphe 1.

mission : résoudre le défi d'appartenance pour propulser vers l'Union douanière continentale. Arrivera-t-elle ? Cela reste dans les prospections selon que l'accord sera opérationnalisé et testée au-delà de son entrée en vigueur.

Pour permettre l'exécution des objectifs généraux et spécifiques, l'accord met en place des principes de coopération.

Paragraphe 2 : Les principes de coopération découlant de l'accord

L'article 5[157] de l'accord énumère un certain nombre de principe pouvant encadrer le fonctionnement de la ZLECAf. Avant de s'enquérir des principes assez généraux dans le cadre du commerce multilatéral (**B**), il convient d'aborder la portée de cette grande considération donnée aux actions étatiques émanant des membres de l'UA et des regroupements régionaux (**A**).

A. La priorité de l'action étatique des membres de l'Union et les CER

Quoique dans l'espace africain, les coopérations internationales sous une perspective normée font toujours débat, cette difficulté est inhérente à tous les Etats. Si P. Dupuy et Yan K qualifient la société internationale de « *close mais décentralisée, et d'autre part, conflictuelle quoique délibérante* [158]», d'une manière générale, le constat est la prise de conscience de coopérer au regard des interdépendances accrues. Cette nécessité l'est encore plus pour l'Afrique dans le cadre de son développement. C'est pourquoi la priorité d'action laissée aux Etats membres de l'Union africaine ne traduit rien d'autre que la position classique

---

[157] Article 5 de la ZLECAf est régie par les principes suivants : (a) action conduite par les États membres de l'Union africaine ; (b) les Zones de libre-échange (ZLE) des CER comme piliers de la ZLECAf ; (c) géométrie variable ; (d) flexibilité et traitement spécial et différencié ; (e) transparence et diffusion de l'information; (f) préservation des acquis ; (g) traitement de la nation la plus favorisée (NPF) ;6 (h) traitement national ; (i) réciprocité ; (j) libéralisation substantielle ; (k) consensus dans la prise de décision ; et (l) prise en compte des meilleures pratiques au sein des CER et dans le cadre des conventions internationales applicables à l'Union africaine.

[158] Pierre Marie-DUPUY, Yann KERBRAT, *Droit International Public*, 13e Edition Dalloz, 2016, p. 2.

du droit international faisant des Etats les sources premières de la norme conventionnelle[159]. Jean Salmon dans son dictionnaire, définira le principe au sens du droit international comme le « *pacta sunt servanda*[160] », c'est-à-dire une obligation résultant d'un accord.

L'accord ZLECAf, s'inscrivant de *facto* et de *jure* dans le cadre des conventions internationalement conclues et régies par la convention de Vienne sur le droit des traités répond à ce titre à la définition qui fait du droit international, un instrument de la politique internationale des Etats[161]. Même si dans le cadre de l'objet portant sur des questions économiques, il arrive que la conception de la norme et du principe se diffère selon que nous sommes ici dans une logique où la scène économique internationale s'appréhende normativement en fonction de la pluralité des acteurs (contrairement à l'idée d'Etat dans la société internationale perçue comme souverain au singulier) « *dont les uns et les autres étant soumis à un régime juridique différent en fonction de considérations économiques*[162] ». Il faut reconnaître

---

159 « *Le critère de l'existence d'une norme (...) réside en dernière analyse dans l'engagement des États à son sujet, et les obligations internationales de l'État sont fonction de son propre engagement (...). Les règles n'existent pas de façon désincarnée ou abstraite, mais en fonction des sujets qu'elles lient* ». **Voir** COMBACAU (J.), SUR (S.), Droit International Public, Paris, LGDJ, 2019, p. 79. Aussi « *la faculté de contracter des engagements internationaux est précisément un attribut de la souveraineté de l'État* ». **Voir** *Affaire du vapeur Wimbledon*, arrêt, CPJI, Recueil 1923, série A, n°1, p. 25.

160 Jean Salmon, *op. cit.*, p. 876.

161 « *Le droit international comporte un ensemble de techniques et de procédures que les Etats utilisent pour donner à l'expression de leur volonté et à la satisfaction de leurs intérêts une expression formelle, dotée en principe de force obligatoire. Il est ainsi une technique de formalisation des volontés souveraines, permettant d'établir dans une large mesure de stabilité et de prévisibilité aux relations établies entre Etats, directement ou dans le cadre des organisations internationales (...) Le droit international n'est pas seulement un instrument de formalisation des politiques étrangères mais également un facteur déterminant de leur conditionnement* ». **Voir** P. Dupuy et Yann K. *op. cit.*, p. 10.

162 Alors que le Droit International Public est envisagé comme un droit de protection des souverainetés nées de Westphalie, le droit international économique est un droit d'expansion dans la mesure où il envisage l'enrichissement des Etats comme une finalité à ses actions.

que « *les Etats jouent à ce titre un rôle essentiel dans l'agencement et le fonctionnement de la société internationale économique. Il en est ainsi parce que les sources*[163] *même du droit international économique, on l'a vu, sont en large partie des sources internationales, c'est-à-dire faites par les Etats et pour les Etats*[164] ».

Dans le cadre de l'union africaine, cette considération est encore plus grande puisque l'accord créant la zone a puisé ses fondements dans la volonté politique de ces Etats[165]. C'est par la résolution 394 de l'Assemblée Générale de l'UA en 2012, résolution portant « *Décision sur la Stimulation du commerce intra-africain et l'Accélération de la Création de la Zone continentale de Libre-échange*[166] » que les négociations dans le cadre de la Feuille de route et l'Architecture pour la mise en place rapide de la zone continentale de libre-échange (ZCLE) ainsi que le Plan d'action pour l'intensification du commerce intra-africain ont pu démarrer trois ans plus tard en 2015. Cela démontre la place prédominante que l'accord sur la ZLECAf concède aux actions émanant des Etats membres de l'Union a priori. Cette position ne reflète que la conception classique des accords internationaux.

Néanmoins, s'agissant d'Etats réunis sous la bannière d'une organisation, en l'espèce l'union africaine, le droit interne de cette institution attribue également des prérogatives importantes aux Etats membres dans la conduite des politiques, des orientations et de l'organisation de l'union[167]. L'intitulé (***Décision***) de la résolution de 2012 par exemple sur

---

[163] Même si au contact de l'objet économique, la diversité des considérations conduit à une pluralité de régimes juridiques d'ordre internes et international, il va sans dire que la construction des relations de coopération économique internationales se fait avant tout à l'aune des Etats. On prendra l'exemple des accords de Bretton-Woods créant le FMI et la Banque Mondiale, ou plus récemment les accords de l'OMC en 1995 pour le commerce. Ces accords sont de nature conventionnelle.

[164] C. Dominique, *op. cit.* p. 29.

[165] Composé de 55 Etats membres, l'Union africaine est la plus importante et la plus nombreuse des organisations régionales.

[166] Assembly/AU/Dec. 394 (XVIII).

[167] **Voir** *infra Chap. 2. Sect. 1. Par. 1.* Sur les organes de prises des décisions.

l'accélération des négociations en vue de conclure l'accord s'entendrait comme ayant revêtu une force contraignante dans la mesure où il s'agissait non seulement dans le droit international d'un « *acte normatif obtenu en conclusion d'une discussion ou d'une délibération* » mais encore qu'en l'espèce il s'agissait *« d'acte unilatéral obligatoire* [168]» adopté par un organe de l'Union selon que l'acte constitutif fait de la conférence « *l'organe suprême de l'union*[169] ».

Cette posture du droit international des traités relative à la possibilité que le droit international leur offre, découle plus largement de la convention de Vienne de 1969. L'article 39 de cette convention stipule par exemple qu'« *un traité peut être amendé par accord entre les parties. Sauf dans la mesure où le traité en dispose autrement (...)* ».

Le principe d'action prioritaire aux Etats membres dans la mise en œuvre de l'accord apparait à ce titre essentiel. Pour l'heure actuelle, il convient de constater l'application de ce principe par les Etats qui ont négocié dans le cadre de la ZLECAf une première phase qui a permis d'établir les protocoles sur le commerce des marchandises, des services et un mémorandum d'accord sur le règlement des différends[170]. Etant dépositaire de la légitimité et de la légalité d'action prioritaire dans ce cadre, il est à signaler que les négociations sont toujours en cours sur la soumission des listes tarifaires, et la période des négociations est prorogée jusqu'en Juin 2021[171]. La phase II comprend la question des droits de propriété intellectuelle, la politique de concurrence, l'investissement, et le protocole relatif au commerce électronique.

Enfin dans cette priorité d'action étatique comme source de principe dans la mise en œuvre de l'accord, l'article 6 n'omet pas

---

[168] Jean Salmon, *op. cit.*, p. 297.
[169] Article 6 & 2 de l'acte constitutif de l'UA.
[170] Pour plus de détails voir *infra.*, sur les instruments de coopérations.
[171] La question des règles d'origines est déterminante dans le cadre de la mise en œuvre effective permettant de commercialiser. Des Etats comme le Nigéria étaient au départ réticent sur ce sujet avant d'intégrer l'accord en début d'année. Le processus est toujours en cours de négociation.

le fait que ces Etats africains sont membres des communautés économiques régionales dont l'impact décisionnel sur le comportement de leurs membres est aussi conséquent dans la perspective de la ZLECAf[172]. Etant inscrit dans le cadre des zones de libre-échanges au sens du droit international économique général et du droit de l'OMC, la ZLECAf prend appui sur les grands principes du commerce multilatéral.

B. L'endossement des grands principes du commerce multilatéral

Comme Dominique Carreau l'a si bien reconnu en faisant un rappel historique, « *l'ordre économique néolibéral qui devait voir le jour à la fin de la deuxième guerre mondiale ne pouvait être que d'origine conventionnelle afin de lutter contre les errements nationalistes et protectionnistes antérieurs*[173] ». Autrement dit, la nécessité d'établir des règles claires, prévisibles pour régir les relations économiques internationales était devenue un impératif.

Il s'est ensuivi au niveau international l'accord général sur les tarifs douaniers et le commerce de 1947, puis l'OMC en 1995 est devenue l'expression du droit institutionnel et matériel des normes internationales régissant le commerce multilatéral. S'inscrivant *de facto* et de *jure* dans cette perspective multilatérale, l'accord portant création de la ZLECAf ne pouvait échapper dans son dispositif à la nécessité d'inscrire des normes communes au commerce multilatéral même si l'adaptation de certains principes au regard du contexte continental et de son processus d'intégration régional nécessitait l'inclusion de principes propres à l'accord. L'article 5 liste douze principes[174] considérés comme étant des pierres angulaires régissant le commerce international et régional.

Il s'agit entre autres des fondamentaux relatifs à la non-discrimination impliquant simultanément l'application de la

---

[172] Sur l'importance des CER et leurs limites en tant que piliers dans le cadre de l'accord, voir *infra.*, Partie II/ Chapitre 1/ Paragraphe 1/ Section 1.
[173] Dominique Carreau, *op. cit.*, 65.
[174] **Voir** *supra.*, la note de bas page n° 144.

clause de la nation la plus favorisée et du traitement national, la libéralisation substantielle des échanges, la transparence et la diffusion de l'information, la réciprocité, flexibilité et traitement spécial et différencié, la préservation des acquis. Des principes comme la prise en compte des meilleures pratiques au sein des CER dans le cadre de l'accord peuvent être considérés comme étant des adaptations à la vision contenue dans le traité d'Abuja, traité qui fait des CER les piliers de l'intégration régionale. Mais c'est sans conteste que le principe de non-discrimination est au cœur de l'ensemble des engagements commerciaux multilatéraux.

Selon son fondement dans le cadre de cet accord, les Etats africains seront tenus d'accorder le même traitement aux autres Etats avec lesquels ils vont commercer au sein de la zone. Etant donné qu'il s'agit d'un simple accord n'impliquant pas l'application d'un tarif extérieur commun cela peut l'être dans le cadre d'une union douanière, l'ensemble des Etats possèdent leurs prérogatives souveraines pour soumettre des listes de concessions tarifaires à la zone. La particularité toutefois de cet accord est manifestée dans son principe relatif à la préservation des acquis, à la flexibilité et du traitement différencié ainsi qu'à la prise en compte des meilleures pratiques des CER. L'idée étant que les États parties, membres d'autres CER ayant atteint entre eux des niveaux d'intégration régionale plus élevés que dans le cadre de la ZLECA maintiendront ces niveaux plus élevés entre eux et les CER ayant un niveau plus élevé d'intégration nécessaire pour former des unions douanières présenteront des offres d'accès au marché commun pour le commerce des marchandises.

Au regard de ce qui précède, la ZLECAf crée un cadre général pour permettre aux Etats africains de pouvoir commercer et permettre une meilleure intégration dans une dynamique continentale telle que prévue par le traité d'Abuja. Une telle perspective en appelle également à la mise en place d'outils permettant le renforcement de l'approche coopérative adoptée par les Etats africains. Ces outils en termes de cadres institutionnels et d'instruments de coopération sont indispensables.

Chapitre 2 : Les outils de coopération mis en place par l'accord

Il faut souligner que l'une des caractéristiques majeures de l'accord portant création de la ZLECAf est le fait qu'il définit l'ensemble des objectifs pour les Etats parties. En plus il met en place un ensemble de dispositifs institutionnels de coopération (**section 1**) avec des instruments clés (**section 2**).

Section 1 : La structure institutionnelle de coopération

Comparativement à la zone de libre-échange nord-américaine[175] où il ne s'agit pas d'avoir d'institutions communes (d'ailleurs les USA sont en désaccord sur le sujet), mais de mettre en place des règles et des mécanismes institutionnels dont la prémisse doit être l'autonomie des acteurs privés comme publics et la finalité notamment la gestion des risques et le règlement des conflits ; la ZLECAf se démarque par un souci d'institutionnaliser de manière claire et ordonnée les organes de décisions (**paragraphe 1**) et ceux d'exécution (**paragraphe 2**) permettant une mise en œuvre effective de l'accord.

Cette approche s'éloigne considérablement de l'esprit du traité d'Abuja qui prévoyait toute une structure institutionnelle visant à assurer l'intégration graduelle vers la communauté économique africaine. On s'interroge de ce fait de savoir si l'institutionnalisation de la ZLECAf de manière relativement cohérente a pour ambition, dans une vision prospective, de remédier à cette disposition antérieure contenue dans le traité de la CEA ? Une chose est certaine : le souci d'une meilleure administration de la zone permettant d'éviter tout amalgame dans son fonctionnement avec les questions politiques gérées par la commission de l'UA pourrait être une raison fondamentale justifiant cette décision.

---

[175] L'accent dans le cadre de l'accord ALENA est mis sur les codes de conduite et le règlement des différends par l'arbitrage avec pour résultat que c'est les acteurs eux-mêmes qu'on appelle pour établir les règles et la concurrence se trouve ainsi étendue non seulement aux entreprises mais aussi aux institutions.

En plus, historiquement, les tentatives de libéralisation du commerce multilatérales dans une logique de non institutionnalisation comme ce fut le cas avec l'accord du GATT en 1947 ont conduit à des déperditions voire à des protectionnismes exacerbés et mercantiles. C'est à bon escient qu'il faut développer les aspects institutionnels de l'accord portant création de la ZLECAf en vue de voir son degré d'effectivité en phase avec ses prévisions et objectifs.

Paragraphe 1 : Les organes de prise de décisions

S'inscrivant dans la traditionnelle approche conventionnelle des Etats africains, l'accord met en place une conférence (**A**) et un conseil des ministres (**B**) chargés de prendre les décisions dans le cadre de sa mise en œuvre.

A. La conférence

C'est l'article 10 de l'accord qui l'institue en tant qu'organe suprême de prise de décisions de l'UA qui exerce un contrôle et donne des orientations stratégiques sur le fonctionnement de l'accord, y compris le plan d'action pour stimuler le commerce intra-africain. Elle a autorité pour adopter les interprétations et recommandations de l'accord[176]. La conférence exprime à ce titre la position juridique et politique collectivement adoptée.

A l'image du traité de la CEA[177], la conférence est imbriquée à l'UA. Cet organe plénier de l'organisation réunit tous les chefs d'Etats africains siégeant en ayant une voix égale à exprimer. Elle est l'illustration du principe consacré à l'article 5 (a) de

---

[176] Dans le cadre de l'OMC, cette prérogative revient à la Conférence ministérielle et au Conseil général. Mais généralement il s'agit là d'une des caractéristiques des institutions et accords qui ont une portée économique. **Voir** l'article IX :2 de l'accord instituant l'OMC.

[177] Le professeur Mahiou s'exprimant sur le sujet disait ceci : « *le traité d'Abuja présente une grande singularité, en organisant une imbrication entre les structures de la CEA et celles de l'OUA ; l'imbrication est étonnante au point que les deux organisations apparaissent comme des sœurs siamoises - bien qu'elles ne soient pas nées en même temps — rattachées l'une à l'autre par des organes homologues* ». **Voir** Mahiou Ahmed « La Communauté économique africaine », In : Annuaire français de droit international, volume 39, 1993. pp. 800.

l'accord qui donne la priorité d'action aux Etats africains. Cette logique de l'UA se justifie historiquement et contextuellement.

En effet, la mutation de l'OUA vers l'UA avait fait naître des espoirs et suscité des attentes sur le continent. Le succès néanmoins de cette organisation reposait sur son degré d'institutionnalisation et d'efficacité de ses organes. Etant donné que les organes de l'OUA n'avaient pas réussi à mettre en place les institutions de la CEA, la déclaration de Syrte proposa une articulation profonde des organes institutionnels de l'UA. Il est stipulé dans son paragraphe 6 ce qui suit : « *pour relever ces défis et faire face de manière efficace aux nouvelles réalités sociales, politiques et économiques en Afrique et dans le monde, nous sommes déterminés à répondre aux aspirations de nos peuples à une plus grande unité, conformément aux objectifs énoncés dans la charte de l'OUA et dans le traité instituant la communauté économique africaine (CEA)*[178] ».

Cet esprit est renforcé par l'engagement à élargir les efforts collectifs des Etats de l'union à des responsabilités nouvelles notamment les tâches qui touchent à un large éventail impliquant un dispositif complexe d'activités comme l'accélération et l'intégration politique du continent, et surtout les questions socio-économiques, la promotion de la paix et de la sécurité ou encore des valeurs démocratiques et de participation populaire à une bonne gouvernance.

L'UA et ses objectifs institutionnels reflète la volonté et l'ambition d'une plus grande intégration et la nécessité de rendre effectif l'esprit et la lettre contenus dans le traité d'Abuja. Raison pour laquelle la mise en place de la ZLECAf avec les négociations après la décision de 2012 s'est effectuée dans un temps record[179] comparativement à ce qu'on sait des négociations commerciales dans le monde[180]. En outre, une

---

[178] Déclaration de Syrte du sommet de l'OUA, 9 Septembre 1999, OUA Doc. EAHG/Decl. (IV) Rev. 1.

[179] Lancement des négociations en 2015 et signature de l'accord en 2018, entrée en vigueur de l'accord en 2019.

[180] On se souviendra que le cycle d'Uruguay par exemple a duré sept ans (1986-1993).

dynamique beaucoup plus générale a sous-tendu l'approche institutionnelle de l'UA dans l'élargissement de ses compétences. C'est l'idée relative au fait que l'union est une création d'Etats-Nations indépendants et souverains ayant en partage une vision commune et une destinée avec des valeurs partagées qui les conditionnent à s'engager au renforcement de leur coopération et de leur intégration[181].

Il s'agit à cet effet d'un changement de paradigme politique qui a des répercutions juridiques sur l'accord au niveau institutionnel en faisant de la conférence des Etats de l'UA, l'organe suprême de prise des décisions. Dans cet exercice, le pouvoir d'interprétation de l'accord dérivant du principe de souveraineté et d'égalité, est tout de même conditionné par une recommandation du Conseil des ministres, organe qu'il conviendrait de qualifier de « spécialisé » dans le domaine du commerce à l'inverse de la conférence. L'adoption par la conférence d'une interprétation se fera par « *consensus* » à l'image de la pratique existante dans le cadre de l'OMC[182].

Dans la pratique de l'OMC, le consensus est réputé acquis « *si aucun Membre, présent à la réunion au cours de laquelle la décision est prise, ne s'oppose formellement à la décision proposée*[183] ». Ce revirement a permis dans le cadre de l'OMC d'éviter que les décisions soient bloquées par quelques membres mécontents et qu'au final plus rien ne se décide. C'est la méthode du « consensus négatif ». C'est une technique qui s'applique à l'ensemble des organes et à toutes les décisions de l'accord[184]. L'autorité des décisions prises par la conférence des Etats est exécutoire et créé ainsi un droit dérivé de l'organisation.

---

[181] ABDULQAWI A. et FATSAH O. *op. cit.* p. 81-82. « *Tant en termes politiques qu'opérationnels, la réalisation de cet idéal suppose que certains domaines de compétence, actuellement aux mains des Etats membres, soient dévolus à l'initiative de la coopération collective sous l'égide de l'union africaine* ».

[182] Article 10 de l'accord créant la ZLECAf, paragraphe 2.

[183] Dominique Carreau, *Op. cit.*, p. 79.

[184] « *La Conférence a autorité exclusive pour adopter les interprétations du présent Accord sur recommandation du Conseil des ministres. L'adoption d'une interprétation est faite par consensus* ». **Voir** Article 10 (2).

Reconnu comme une prérogative de l'organisation, le droit dérivé permet aux organes de l'OI d'adopter des résolutions, des recommandations, des décisions, de donner des avis consultatifs et de prendre des arrêts ou des jugements. Ce droit dérivé est intimement lié aussi à la personnalité juridique[185] dont jouit l'organisation lui permettant ainsi de légiférer de manière quasi-autonome et pris en application du traité. La CJCE parle du « système législatif du traité[186] » ou du pouvoir « législatif de la communauté[187] ».

Or cette question relative au droit dérivé est souvent problématique dans le cadre des organisations et accords économiques. Elle se pose comme une des faiblesses de l'OMC à titre illustratif. On considère en général que le monopole étatique dans les modalités de décisions démontre la prudence de ces derniers et parfois leur réticence à se lier par des mécanismes qu'ils pourraient à long terme considérés comme faisant obstacle éventuel à leurs intérêts[188].

Il convient de noter aussi que cette méthode du consensus n'est pas singulière à l'OMC ou à la ZLECAf, elle apparaît comme une particularité des institutions internationales en étant pratiquée aussi au sein de l'OCDE ou le FMI. Elle reflète le gage d'une décision ayant recueilli une forte majorité[189]. Néanmoins, la conférence reste largement un organe politique avant tout, les questions techniques et opérationnelles vont exiger l'accompagnement du conseil des ministres.

B. Le conseil des ministres

L'article 11 définit la composition et les fonctions du Conseil des ministres. C'est un organe politique subsidiaire à la conférence mais qui dispose d'une compétence plus opérationnelle en termes

---

[185] CIJ, *Réparation des dommages subis au service des nations unies,* avis consultatif du 11 Avril 1949.

[186] CJCE, *Aff. Koster* 25/07, du 17 Déc., 1970.

[187] CJCE, *Aff. Simmental 106/77* du 9 mars 1978.

[188] N'étant pas investi d'un pouvoir d'édicter des normes, l'OMC se trouve donc contrôler étroitement par ses Etats membres.

[189] Dominique Carreau, *Op. cit.,* p. 79.

de prise des décisions pour le fonctionnement de l'accord. Composé essentiellement des ministres du commerce des Etats africains, et d'autres ministres ou autorités/ fonctionnaires désignés par les Etats respectifs, le conseil est l'organe qui exerce les prérogatives plus fonctionnelles dans la mise en œuvre de l'accord.

Tout d'abord, contrairement à la conférence qui est très impliquée dans sa mission générale au sein de la Conférence des Etats de l'UA, le conseil des ministres en charge du commerce est très orienté et cadré sur l'accord. Etant un même organe, la conférence ne peut être efficace dans sa mission de représentant dans le cercle de l'UA et celle de décideur dans le cadre de l'accord, raison pour laquelle, le conseil des ministres est très important. Ensuite, c'est l'organe qui se réunira deux fois par an pour évaluer les évolutions relatives au fonctionnement de l'accord[190]. Enfin, ses décisions sont contraignantes pour les Etats parties[191]. Cette dernière disposition semble être la plus importante prérogative du conseil des ministres en ce qu'elle lui confère, au sens du droit des organisations internationales, un

---

[190] Article 11 de l'accord : Le Conseil des ministres, dans le cadre de son mandat : *(a) prend des décisions conformément au présent Accord ; (b) assure et veille à la mise en œuvre effective de l'Accord ; (c) prend les mesures nécessaires pour la promotion des objectifs du présent Accord et d'autres instruments y afférents ;(d) travaille en collaboration avec les organes et institutions compétents de l'UA ; (e) encourage l'harmonisation des politiques, stratégies et mesures appropriées pour la mise en œuvre effective du présent l'Accord ; (f) institue des comités, groupes de travail ou groupes d'experts ad hoc ou permanents et leur délègue des responsabilités ; (g) élabore son propre Règlement intérieur ainsi que celui de ses organes subsidiaires créés pour faciliter la mise en œuvre de la ZLECAf, et les soumet au Conseil exécutif pour approbation ; (h) supervise les travaux de tous les comités et groupes de travail qu'elle peut créer en application du présent Accord ; (i) examine les rapports et activités du Secrétariat et prend les mesures appropriées; (j) élabore les règlements, émet des directives et fait des recommandations conformément aux dispositions du présent Accord (...).*

[191] Alinéa 5 et 6 de l'article 11 « *Les décisions prises par le Conseil des ministres, dans l'exercice de son mandat, sont contraignantes pour les États parties. Les décisions ayant une incidence juridique, structurelle ou financière sont, dès leur adoption par la Conférence, contraignantes pour les Etats parties. Les États parties prennent les mesures nécessaires en vue de mettre en œuvre les décisions du Conseil des ministres* ».

droit dérivé[192] qui revêt un caractère obligatoire pour ses destinataires. L'on peut considérer dans cette posture, d'une part la nécessité et la particularité des domaines technico-économiques nécessitant un droit contraignant en général ; mais d'autre part, sur le plan politique et du droit international, c'est une concession de souveraineté importante qui est effectuée par les Etats africains au profit de l'accord, démontrant à juste titre une approche de coopération et d'intégration plus axée sur la norme.

Cette considération relative à la normativité des décisions du conseil des ministres tient à l'objet même d'exécution du droit international. En effet on attache à la norme le caractère de ce qui est spécifique à l'univers du droit. Elle impose à cette fin un modèle de comportement présenté comme le mode opératoire du monde juridique. De la norme résulte ainsi des droits et des obligations à la charge de ses destinataires en leur conférant un droit subjectif (*dans ce cas de figure le droit dérivé de l'accord*) à voir un comportement se réalisé[193].

Selon la formule de la cour permanente internationale de justice, ces règles « *procèdent donc de la volonté de ceux-ci, volonté manifestée dans des conventions ou dans des usages acceptés généralement comme consacrant des principes de droit et établis en vue de régler la coexistence de ces communautés indépendantes ou en vue de la poursuite de buts communs*[194] ». Il y a donc une présomption pour les Etats africains d'exécuter de bonne foi de tels engagements souscrits par leurs soins[195]. Une

---

[192] « *En général les organisations internationales sont investies d'un pouvoir règlementaire interne destiner à organiser leurs conditions de travail, celles des agents et des organes subsidiaires. Ces règles sont opposables aux Etats et affectent leur situation. Ces règles sont à l'image de celles issues du pouvoir règlementaire interne subordonner à l'Acte constitutif. Leur conformité avec ce dernier forme la base de leur caractère obligatoire* ». **Voir** Saidou NOUROU TALL, *Droit des organisations internationales africaines*, L'Harmattan, 2015, p. 96.

[193] Raphaële Rivier, *Droit International Public*, 2e Ed. Thémis Puf, 2012, p. 488.

[194] *Affaire du Lotus*, arrêt, CPJI, Recueil 1927, Série A, n°10, p. 18.

[195] Le principe relatif au pacta sunt servanda de la convention de Vienne de 1969.

inexécution enfreindrait à ce titre le caractère obligatoire du traité qui selon Reuter « *est une affirmation basée sur le principe de la bonne foi et plus spécialement sur l'obligation de respecter les convictions que l'on fait naître par son comportement* [196]».

L'accord ZLECAf dispose en ce sens d'organes d'exécution qui permettront la mise en œuvre des décisions relatives à la zone.

Paragraphe 2 : Les organes d'exécution

Pour pallier à la situation inconfortable qu'avait engendrée la mutation de l'OUA vers l'UA, en l'occurrence la problématique liée au pilotage du processus d'intégration économique africaine de manière fonctionnelle[197], l'accord met en place un comité des hauts fonctionnaires (**A**) et un secrétariat exécutif (**B**), chargés de diriger de manière pratique et administrative son fonctionnement.

A. Le comité des hauts fonctionnaires au commerce

L'article 12 de l'accord définit sa composition et ses attributions. Organe technique, le comité des hauts fonctionnaires au commerce est composé des secrétaires généraux ou directeurs généraux, ou de tout autre fonctionnaire désigné par chaque État partie. Ce comité, au-delà de mettre en œuvre les décisions du conseil des ministres est aussi responsable du développement des programmes et plans d'actions pour la mise en œuvre de l'Accord. Il assurera à cet effet le suivi de l'accord en examinant et en s'assurant de son bon fonctionnement et de son développement.

---

[196] REUTER (P.), *Droit International Public*, 6e éd., Paris, PUF, 4e ed., 1983, p. 164.

[197] Bien que seules certaines dispositions du traité de la CEA étaient abrogées après l'Acte de l'UA de 2000, ce changement institutionnel n'a pas mis au tiroir les objectifs principaux du traité. Cependant, sur un plan institutionnel, il était difficile pour la commission de l'UA de gérer l'intégration à l'aune des objectifs du traité car cette dernière était plus préoccupée par des problématiques politiques. C'est donc une très bonne résolution à notre sens que d'avoir recours à des organes administratifs subordonnés pour exécuter de manière indépendante de la commission, l'accord.

Le comité dispose dans ce cadre du pouvoir de créer des comités ou des groupes de travail en fonction des besoins de fonctionnement de l'accord. En outre, il dispose d'un rôle de superviseur général qui lui permet de contrôler et d'instruire le secrétariat de la ZLECAf aux fins de mener toute mission spécifique dans le cadre de l'accord. Au nom du principe de subsidiarité, le comité assume toutes les fonctions pouvant être nécessaires à l'opérationnalisation de l'accord requises par le Conseil des ministres. Ce comité se réunit au moins deux fois par an conformément à son règlement intérieur et sous réserve de directives particulières émanant du Conseil des ministres.

La particularité de cet organe, c'est que les CER y sont représentés. En effet dans la logique de l'accord, les CER sont les piliers de l'intégration régionale africaine. De ce fait, dans la mise en œuvre de l'accord, elles constituent les bases de son opérationnalisation dans la mesure où l'approche adoptée par l'accord consiste parfois à accepter au sein de la zone des offres tarifaires communes prises par des CER plus intégrées[198].

B. Le secrétariat

Organe très administratif et classique dans le cadre des organisations internationales, « *la présence de secrétariats (...) procède de la nécessité d'établir un socle institutionnel formé de services, départements, cellules, comités ou unités qui mettent en œuvre les décisions des différents organes et par voie de corollaire, balisent le sentier rugueux de l'intégration souhaitée* [199]». Dans le cadre de l'accord, il s'agit d'un organe créé par la conférence qui décide et approuve sa nature, sa localisation, et approuve sa structure ainsi que son budget de fonctionnement. Pour l'élection du tout premier secrétaire, après plusieurs jours de débat, l'Union africaine a tranché avec un vote des États membres, le 10 février 2020 en fin de journée. Le Sud-

[198] Nous renvoyons sur l'importance des CER et leurs limites en tant que piliers dans le cadre de l'accord à voir *infra.*, Partie II/Chapitre 1/ Paragraphe 1 et suiv.
[199] Saidou NOUROU TALL, *Op. Cit.* p. 157.

Africain Wamkele Mene a été élu secrétaire général de la Zone de libre-échange continental africaine[200].

L'alinéa 3 de l'article 13 fait du secrétariat un organe institutionnel de l'UA ayant une autonomie fonctionnelle et dotée d'une personnalité juridique indépendante. Cette prérogative accordée au secrétariat va lui permettre au sens du droit des organisations internationales, de pouvoir acquérir des biens, de conclure des accords de sièges, de bénéficier le cas échéant de certains privilèges inhérents à son fonctionnement dans la mise en œuvre de l'accord et bien évidemment en respectant le principe de spécialité. D'ailleurs l'alinéa 6 du même article stipule que c'est au Conseil de déterminer les fonctions du secrétariat.

Une autre disposition intéressante dans cette configuration est relative à l'autonomisation du secrétariat par rapport à la commission de l'UA[201]. Cette posture permettra d'éviter des chevauchements entre un organe plus politique de l'union africaine et le secrétariat de la zone qui est dans une approche technique et orientée. Une imbrication risquerait de retarder le travail du secrétariat voire l'entraver comme ce fut le cas avec la gestion du calendrier de la CEA après la mutation vers l'UA. Il reste toutefois financièrement dépendant de l'UA en tant qu'institution mère.

Pour l'essentiel, le rôle du secrétariat permanent sera crucial pour le lancement de la ZLECAf : c'est lui qui est chargé de la mise en application de la zone de libre-échange. Il s'agit de l'organe technique de la Zone de libre-échange continentale africaine dont la fonction principale est de soutenir toutes les procédures de la

---

[200] « *En fin de journée, lundi 10 février, l'assemblée des États de l'UA a procédé au vote pour désigner le Sud-Africain Wamkele Mene secrétaire général de la Zone de libre-échange continentale africaine (Zleca). Il était jusqu'ici le négociateur en chef de l'Afrique du Sud pour la Zleca. Après deux écrémages, la liste des 120 candidatures pour le poste avait été réduite à trois noms : la Nigériane Cécilia Akintomide, le Sud-Africain Wamkele Mene et le Congolais (RDC) Faustin Luanga* ». **Voir** Jeune Afrique, 10 février 2020 à 16h46 | Par Mathieu Olivier Mis à jour le 10 février 2020 à 16h56.

[201] Article 13, alinéa 4 de l'accord ZLECAF.

Zone. Il a, à ce titre un rôle fondamental à jouer pour assurer la bonne mise en œuvre de l'accord, et veiller à ce que la ZLECAf fonctionne bien en tant que marché continental régional.

De manière opérationnelle, l'accord se structure autour d'instruments constituant son fondement dans le cadre de son application.

Section 2 : Une coopération autour d'instruments clés

Rappelant l'idée de coopération sous-tendue par Schuman lors des débuts de l'intégration européenne, il faut dire comme lui toute proportion gardée, que finalement l'accord ZLECAf est un véritable instrument de coopération qui part sur la base d'une certaine « *solidarité de faits* » focalisée autour du commerce des marchandises, le commerce des services, les investissements, les droits de propriété intellectuelle et la politique de concurrence[202]. Les négociations ont de ce fait débouché sur deux protocoles portant sur le commerce des marchandises et un autre sur le celui des services (**paragraphe 1**) ; associé à un troisième protocole sur le mécanisme de règlement des différends favorisant ainsi une approche normée et coordonnée de collaboration dans l'application de l'accord (**paragraphe 2**).

Paragraphe 1 : Les deux protocoles de l'accord

Structuré autour de ses protocoles, une analyse des implications juridiques et opérationnelles conduirait à voir le protocole[203] sur le commerce (**A**) et celui sur les services (**B**).

A. Le protocole sur le commerce des marchandises

Au cœur de ce protocole se trouve l'article 2 qui n'est rien d'autre que la reprise des objectifs généraux de l'article 3 de l'accord ZLECAf. Il s'inscrit dans la logique de la libéralisation progressive, en adoptant une approche linéaire et graduelle de

---

[202] Article 6 de l'accord ZLECAf portant sur le champ d'application.

[203] Dans le droit des traités, les protocoles sont des actes additionnels à l'accord principal. Dans le cadre de cet accord, ils ont la même valeur juridique. **Voir** à ce sujet Jean SALMON, *Dictionnaire de Droit International Public*, *Op. Cit.*, *p.* 907.

réduction tarifaire[204]. Cet objectif va nécessiter une plus grande coopération au niveau douanier notamment avec les possibilités de facilitations et de simplifications des procédures administratives, obstacles techniques liés au commerce. Dans son champ d'application, ce protocole s'appliquera aux commerces des marchandises entre les Etats parties à l'accord[205] qui s'accorderont mutuellement et sur la base du principe du traitement national des préférences tarifaires au sein de la zone[206].

Tirant les leçons du GATT de 1947[207] probablement, l'article 8 (alinéa 2) de l'accord ZLECAf stipule que « *les Protocoles sur le commerce des marchandises le commerce des services, les investissements, les droits de propriété intellectuelle, la politique de concurrence et les règles et procédures relatives au règlement des différends ainsi que les Annexes et Appendices y afférents, forment un engagement unique, sous réserve de leur entrée en vigueur* ». Cette disposition permet de ne pas saucissonner l'accord et de rendre ainsi les obligations qui en découlent comme étant *erga omnes partes*.
Ce Protocole sur le Commerce des biens comporte plusieurs annexes couvrant des disciplines de fond. La phase 1 sur le

---

204 L'idée étant d'accroître le commerce intra-africain et d'y développer les richesses. La Zlecaf prévoit d'ici 15 ans au maximum la suppression de 90% des taxes douanières sur les biens et les services. Et, d'ici là, le chemin est encore long.

205 Article 3 du Protocole sur le commerce des marchandises.

206 L'article 6 dudit protocole infléchi tout de même ce principe de traitement national en permettant que des Etats puissent accorder raisonnablement et de manière flexible des traitements différenciés en fonction du niveau de développement économique d'un Etat partie à l'accord. Cela rentre un peu dans le cadre des considérations liées à l'équité dans le commerce international, et aussi à l'idée d'une intégration progressive de toutes les économies africaines, objectif de la ZLECAf.

207 On se rappelle que dans le cadre de l'accord général de 1947 que l'un des effets pervers était le phénomène du « GATT à la carte » en raison de l'incohérence existant entre les accords souscrits. Ce fut une pratique qui avait fragmenté le système commercial à l'époque dans la mesure où les parties contractantes avaient la possibilité et le choix des engagements auxquels ils souhaitaient souscrire. Le GATT 1994 a mis un terme par le « *single package* ». Pour aller plus loin voir C. Dominique, *op. cit.*, p. 64.

commerce des biens et le commerce des services est en cours de négociations. Les négociations portent sur un certain nombre de questions (par exemple, les concessions tarifaires, les règles d'origine pour les biens et listes d'engagements spécifiques pour les services) toujours en cours. La période est étalée jusqu'en juin 2021.

Les espoirs fondés sur la réussite des négociations relatives à ce protocole et ses annexes sont nombreux sur le continent. En effet les exportations industrielles de l'Afrique devraient bénéficier le plus de la ZLECAf, ce qui est important pour diversifier le commerce du continent et l'encourager à réduire progressivement la place accordée aux ressources extractives, comme le pétrole et les minéraux, qui représentent de longue date la majeure partie des exportations africaines, au profit d'une base d'exportation plus équilibrée et durable. Les ressources extractives représentaient plus de 75 % des exportations hors continent de l'Afrique entre 2012 et 2014, alors qu'elles comptaient pour moins de 40 % du commerce intra-africain[208]. Ce premier protocole est complété par celui sur les services.

B. Le protocole sur le commerce des services

« *Encore aujourd'hui, la libéralisation du commerce international des services est nettement inférieure à celle prévalant en matière de marchandises. Cette moindre ouverture du commerce invisible est une constante, que cela soit au niveau régional ou mondial*[209] ». Selon une approche traditionnelle communément admise au niveau international, « *les transactions commerciales portent soit sur des biens ou marchandises (commerce visible), soit sur des services (commerce invisible)* ». Contrairement donc au commerce des marchandises, le commerce des services relève du domaine immatériel, ce qui le rend complexe en termes de réglementation juridique mais

---

[208] **Voir** Annexe 2 sur la figure relative aux « exportations de ressources extractives et non extractives ».

[209] D. Carreau, *Droit International Economique*, 6e Edi., *op., cit.*, p. 377.

essentiel pour le développement économique dudit secteur dans le cadre de l'accord[210].

L'introduction du protocole relatif aux questions de services révèle que l'Afrique est en train de s'inscrire dans une dynamique de relèvement d'un secteur porteur aussi important dans la mesure où dans le cadre du commerce international, il s'agit d'un secteur largement dominé par les pays développés, disposant de la connaissance et des outils techniques nécessaires à la réalisation de telles prestations. Dans le cadre de l'ALENA par exemple, les Etats-Unis comprenant un nombre important de prestataires souhaitaient obtenir du Canada une libéralisation substantielle de ce domaine. Une libéralisation assez limitative de certains domaines de services étaient inclus[211] même si l'on note certaines omissions flagrantes comme le service des transports.

Malgré le grand potentiel de l'Afrique dans le secteur[212], le commerce des services reste relativement faible et ne représente

---

[210] « *Le commerce des services joue un rôle croissant tant dans l'économie interne des pays que dans les échanges internationaux. Au niveau international, les services ont depuis longtemps supplanté l'industrie comme principale source des richesses. Ils représentent en effet aujourd'hui 60 à 70 % du PNB des Etats développés et emploient plus de la main-d'œuvre active. Cette part grandissante du secteur tertiaire dans la richesse des nations est irréversible, car elle est liée aux incessants progrès de la technologie* ». *Ibid.*, p. 380.

[211] « La production, la distribution, la vente, l'achat, le marketing (…) les bénéficiaires pouvaient établir une présence commerciale pour vendre délivrer leurs services comme une agence ou un bureau ». **Voir** Ralph H. Folsom, *Accord de libre-échange Nord-Américain*, Ed. Pedone, 2004, p. 27.

[212] « *Trade in services, even though often playing a minor role in discussions about international trade and trade policies, play a crucial role for economic development. This is particularly true for the African continent, where services account for 54% of African Gross Domestic Product (GDP). The service sector is also an important and growing source of employment. In countries such as Angola, South Africa or Mauritius, the service sector employs more than 60% of the working population. Due to informal trade which is particularly strong in the service sector, the significance for African economic development is even greater than suggested by data* ». **Voir** le document "Creating one African Market", Published by Deutsche Gesellschaft für Internationale Zusammenarbeit (GIZ) GmbH, On behalf of German Federal Ministry for Economic Cooperation and Development (BMZ) Addis Ababa, October 2020, *op. cit.*, p. 21. Available online :

que 22 % des commerces. Les exportations africaines restent très concentrées sur l'agriculture et les marchandises. Ceci change lentement et les pays africains prennent des mesures visant à renforcer leurs secteurs des services et du commerce des services, aux niveaux régional et continental. Reconnaissant l'énorme potentiel de leurs secteurs des services et prêts à exploiter ce potentiel, les États membres de l'UA ont décidé de libéraliser progressivement les services par l'intermédiaire de l'accord qui contient un protocole spécifique sur le commerce des services.

Les dirigeants de l'UA ont choisi d'inclure cinq secteurs de services prioritaires pour mettre le premier pas vers les services de l'Afrique intégrée : services financiers, transport, télécommunications/TIC et services professionnels et le tourisme. Le Département de l'industrie et du commerce de l'UA et les différents CER travaillent vers l'arrivée d'offres sur la libéralisation des services dans les priorités de la zone.

Ce qui est assez novateur quant au contexte africain, c'est qu'il s'agit d'un accord doté d'un mécanisme de règlement des différends.

Paragraphe 2 : Le mécanisme de règlement des différends

La plupart des traités prévoient une certaine forme de système visant à régler à l'amiable les différends entre les parties. Un système de règlement des différends efficace a pour objectif premier de sauvegarder l'équilibre négocié des droits et des obligations, ce qui permet non seulement d'accroître la valeur pratique des engagements contractés par les parties dans le cadre d'un accord, mais aussi et surtout de préserver l'intégrité et la légitimité dudit accord.

Clé de voûte de tout le système commercial multilatéral, le mécanisme de règlement des différends apparaît aujourd'hui comme le pilier de ce système et l'outil le plus efficace pour assurer l'effectivité des règles relatives à la libéralisation des échanges. Les Etats africains, n'ignorant pas les conséquences de

---

https://www.africatradeagreements.tn/fr/webinaire?fbclid=IwAR1CB8jTsiGWxJ8RJYR4kbzVoHOxtpH7gTWoIhN0GgKnVvcrCiWF1IYxGgI.

l'absence d'un tel mécanisme dans le cadre de l'ancien GATT, mais aussi par désir de rendre plus prévisible, claire et normée leur coopération mutuelle[213] ont mis en place via le protocole sur les règles et procédures relatives au règlement des différends, une panoplie de moyens (**A**) avant un recours effectif en contentieux selon les modalités dudit protocole (**B**).

A. Une panoplie de moyens de règlement des différends

La notion du différend en droit international est classiquement définie en 1924 par la CPJI dans l'affaire *des concessions Mavromatis en Palestine.* « *Un différend est un point de désaccord sur un point de droit ou de fait, une contradiction, une opposition de thèses juridiques ou d'intérêts entre deux personnes*[214] ». Cette conception assez large n'a jamais été contestée mais elle est précisée sous l'angle technique afin de pouvoir déterminer « la naissance du différend ». Celle-ci résulte ainsi de la réunion de deux éléments : la prétention des parties d'une part et la contestation par l'autre d'autre part[215].

A cet effet, la prétention nécessaire à la formation d'un différend peut être explicite[216] ou implicite[217]. La contestation quant à elle peut être expresse comme une demande d'indemnisation dont

[213] Article 2 du Protocole relative aux règles et procédures de règlements des différends : « *Le présent Protocole régit le mécanisme de règlement des différends en vertu de l'article 20 de l'Accord et vise à assurer que le processus de règlement des différends soit transparent, juste, équitable prévisible et conforme aux dispositions de l'Accord* » ; Article 4 (1) « *Le mécanisme de règlement des différends de la ZLECAf est un élément essentiel pour assurer la sécurité et la prévisibilité du système commercial régional. Le mécanisme de règlement des différends préserve les droits et obligations des États parties résultant de l'Accord et clarifie les dispositions existantes de l'Accord conformément aux règles coutumières d'interprétation du droit international public* ».

[214] CPJI, 30 août 1924, *Grèce c. Grande-Bretagne, Rec. CPJI Série* A, n°2, p. 6 à 37, spéc. p. 11.

[215] Carlo SANTULLI, *Droit du Contentieux international*, 2e Ed. LGDJ, 2015, p. 18-19.

[216] « *Un investisseur étranger peut par exemple réclamer l'indemnisation de ses pertes* » ; **Voir** *Ibid.,*

[217] « *C'est le cas de la loi nationale qui inclut tel espace contesté parmi ses provinces, ses régions etc.* », **Voir** *Ibid.,*

l'Etat n'aura pas donné suite ou tacite comme le silence de l'Etat face à la demande[218]. D'autres conditions additionnelles comme la recevabilité de la requête entrent en jeu dans le cadre de la saisine d'une juridiction internationale[219].

Le caractère décentralisé du droit international et sa nature *sui generis* quant à l'endossement des obligations fait que dans tous les systèmes de règlements convenus, les Etats ont toujours une possibilité de modeler et de choisir, bien que dans un cadre défini, un certain nombre de procédures pouvant leur permettre de résoudre de manière pacifique[220] les différends qui les opposent. Le protocole annexé à l'accord ZLECAf n'échappe guère à cette appréhension. Ainsi « *lorsqu'un différend survient entre les États parties, ceux-ci font recours en premier lieu à la procédure des consultations en vue de trouver une solution à l'amiable* [221]».

L'objectif de cette procédure préalable à tout recours en contentieux est de privilégier une approche permettant aux Etats de s'entendre sur des questions qui pourraient les mettre en désaccord dans l'exécution de leurs obligations. Cela est d'autant plus important puisque dans le cadre de ces types d'accords, il est parfois difficile de parvenir à un texte qui saisisse l'intention commune des parties. Les compromis sur l'esprit et la lettre ne sont pas seulement inévitables, ils sont aussi nécessaires pour que des négociations d'une telle envergure puissent aboutir[222]. Se trouve dans cette dynamique la méthode de la consultation dont

---

[218] *Ibid.,*
[219] *Ibid.,*
[220] L'article 33 de la Charte des Nations Unies impose cette obligation comme principe général de droit président à tous accords internationaux.
[221] Article 6 du Protocole.
[222] En effet, une fois adopté, la mise en œuvre d'un accord en général, même de bonne foi, d'un texte juridique clair dans le droit interne de parties ayant des traditions juridiques diverses et présentant des disparités considérables dans leur développement économique et social peut donner lieu à une application divergente et incompatible de l'accord négocié, et à un désaccord entre les parties au sujet de ces divergences, c'est pourquoi le recours aux consultations à priori, apparaissent indispensables.

la négociation[223] est au cœur permettant à « *chaque État partie (de) s'engage(r) à examiner toutes présentations que pourra lui adresser un autre État partie au sujet de mesures affectant le fonctionnement de l'Accord*[224] ».

Si historiquement dans le cadre du GATT de 1947 cette démarche connut des difficultés majeures dans sa mise en œuvre, il faut souligner que ces difficultés résultaient de ce qu'on pouvait appeler les défauts congénitaux de l'accord général[225]. Cela n'entache en rien la pertinence de ce mécanisme au regard du protocole qui est institutionnellement[226] bien ancré comme nous l'avions souligné. En outre, même lorsqu'un recours est engagé « *tout État partie à un différend peut à tout moment entreprendre volontairement les procédures de bons offices, conciliation ou de médiation. Ces procédures sont confidentielles et sans préjudice des droits des États parties dans*

---

[223] « (*La négociation) astreint les sujets à présenter mutuellement et à discuter de leurs prétentions en vue de trouver une solution qui puisse être acceptée par les parties, c'est l'obligation de négocier* ». Carlo SANTULLI, *Op. cit.*, p. 25. Cf. CIJ, *affaires des activités militaires et paramilitaires au Nicaragua* et contre celui-ci, Nicaragua c. Etats-Unis d'Amérique, Rec. 1986.

[224] Article 7 du protocole & 2.

[225] « *La procédure de conciliation sous l'empire de l'ancien GATT avait progressivement conduit à un blocage : si, dans un premier temps, ce mécanisme avait été jugé original, il avait, dès les années 1980, subi les conséquences de certaines faiblesses congénitales. Faute de consensus, nombre de rapports des groupes spéciaux n'avaient pu être adoptés, la partie « perdante » ne manquant pas de s'y opposer. Cependant, même lorsque les rapports étaient adoptés, les recommandations qu'ils contenaient étaient rarement suivies d'effet. Au final, c'est donc toute la crédibilité du mécanisme qui était victime de ces faiblesses : tous ces blocages empêchaient de régler des différends dont le nombre ne cessait d'augmenter, incitant les États à se faire justice eux-mêmes, par le biais de mesures unilatérales* ». Le GATT de 1995 a rectifié le tir en instaurant le « consensus négatif » comme technique de prise des décisions. **Voir** Burda Julien, « L'efficacité du mécanisme de règlement des différends de l'OMC : Vers une meilleure prévisibilité du système commercial multilatéral », In : Revue Québécoise de droit international, volume 18-2, 2005. pp. 3.

[226] Par exemple il y a une obligation relative à la notification à l'ORD, celles mettant à la charge de la partie sollicitée de répondre dans des delais de 10 à 30 jours sous peine de l'établissement d'un groupe spécial. **Voir** Article 7 du protocole & 5, 6 et suiv.

toutes autres procédures[227] » ou encore recourir à l'arbitrage comme mode alternatif de règlements[228].

Doit-on à ce niveau considérer que ce protocole à l'instar du mémorandum sur le règlement des différends de l'OMC n'est qu'un mécanisme directif laissant aux Etats partie un large degré d'initiative ou imaginer plutôt une approche de juridictionnalisation dans le cadre de l'accord ? Il est admis généralement que les coopérations interétatiques sont encore sous l'égide de la souveraineté, et donc il faut toujours même dans le cadre des engagements restreints prendre en considération le fait qu'ils combinent flexibilité et rigidité. Cela n'empêche pas qu'il y ait par le biais de ce protocole l'existence d'un recours contentieux devant l'organe de règlement des différends, rendant plus compréhensible une coopération qui se veut axée, de manière relative sur la norme.

Certes le droit du contentieux international comme interne a toujours privilégié le règlement amiable comme procédure préalable à tout recours en contentieux. Cependant, le contentieux juridictionnel ou le recours à un organe comme l'ORD est souvent le résultat de l'échec d'une négociation ou alors une manière de la relancer[229] dans les accords et conventions.

B. Le recours contentieux devant l'ORD

On pourrait au préalable se poser la question comme le fit Dominique Carreau, s'il s'agit dans le cadre de ce protocole d'un mécanisme qui transforme un différend politique en un différend juridique par le processus « *d'affinement systématique* » ? Quel est le contenu qui présiderait à la notion de « *recours en contentieux* » devant l'ORD dans ce protocole ? Il est une chose certaine, c'est que, non mise en œuvre on ne saurait de façon prématurée déduire les implications juridico-pratiques pouvant

---

[227] Article 8 du protocole.

[228] Article 27 du protocole « *Les parties à un différend peuvent recourir à l'arbitrage sur la base d'un accord mutuel et conviennent de la procédure à suivre* ».

[229] Carlo SANTULLI, *Op. cit.*, p. 25.

nous donner une idée sur la réponse à ces questions. Cependant il est tout de même pertinent de faire quelques analyses sur la procédure selon l'esprit actuel du protocole.

Partant de cette logique, l'accord permet à un Etat membre lésé au sens de ce protocole, de pouvoir demander après l'échec des recours amiables l'établissement d'un groupe spécial à l'ORD[230]. Ce groupe étudiera la question qui fait l'objet du litige et établira par la suite un rapport qui sera voté par l'ORD où siège l'ensemble des Etats membres, parties à l'accord instituant la ZLECAf. A l'image de ce qui est en cours à l'OMC, le vote par consensus de ce rapport lui donne une valeur exécutoire, toutefois cela ne fait pas de ce rapport une décision juridictionnelle puisqu'il est évident qu'il s'agit là d'une procédure de vote politique pratiquée par les Etats membres et non des juges instituées à cette fin.

Le caractère obligatoire des rapports adoptés par l'ORD ne fait pas de cet organe une juridiction au sens du droit international puisque le jugement est un élément d'identification indispensable d'une juridiction. La qualité de l'acte juridictionnel va découler de l'application du droit d'une part et de son caractère obligatoire d'autre part. Pour l'ORD le constat n'est pas le même, on parle de rapport. Ce mécanisme n'est pas non plus exclu car « *les parties à un litige (international) peuvent très bien convenir de tenir comme obligatoire entre elles une décision qui n'est pas rendue en droit (...) la France dans l'affaire Raimbow Warrior* » adopta une telle approche[231]. Il faut indiquer tout de même que l'ORD applique les principes découlant de l'accord, même si au final il s'agit d'un rapport adopté par consensus.

Ajouter à cette procédure la possibilité pour un Etat de faire appel[232] du rapport voté par l'ORD. C'est en tout cas l'idée d'une double juridiction lorsque nous pensons aux différents degrés au niveau interne. Cependant, il s'agirait d'une vision trop tranchée qui risque de décevoir le juriste puriste, mais c'est aussi

---

230 Article 9 du protocole.

231 Carlo SANTULLI, *Op. cit.*, p. 31.

232 Article 16 & 6 du protocole.

probablement là que réside l'originalité du protocole à l'exemple du mémorandum d'accord sur le règlement des différends de l'OMC.

Il ressort de cette analyse que si en général le mécanisme de règlement des différends semble toujours faire l'objet d'une sollicitude particulière dans les rapports commerciaux internationaux, on est, même dans le cadre de cet accord, loin de l'établissement d'une véritable juridiction commerciale internationale. Il s'agit pour l'essentiel d'un mécanisme à priori général et transversal administré par l'ORD au modèle de ce qui est pratiqué dans l'OMC. A cet effet, seule la pratique de cet organe pourra permettre d'évaluer la portée de ses décisions et constater s'il jouera un rôle important dans la coopération intra-africaine fondée sur cet accord.

Cette première partie situe dans le cadre du droit international général et régional les fondements de cet accord, ses principes fondamentaux pour une coopération renforcée ainsi que son dispositif institutionnel donnant une garantie et une sécurité dans les attentes africaines en vue de tendre progressivement vers une intégration régionale plus poussée pouvant conduire à la création d'une union douanière continentale, stade supérieur prévu par les objectifs de l'accord. Il s'agit donc d'un premier pas, mais comme tous pas d'un nouveau-né, d'innombrables défis sont à affronter pour une mise en œuvre effective de l'accord au-delà de son entrée en vigueur.

PARTIE II : LES DEFIS POUR UNE MISE EN ŒUVRE EFFECTIVE DE L'ACCORD

Le caractère ambitieux de l'engagement pris par les Etats africains dans le cadre de cet accord n'est nullement à démontrer. Il s'agit d'un des premiers instruments ratifiés de manière rapide par les Etats africains depuis la mise en place de l'OUA, ancêtre de l'UA. On dénombre depuis le début de l'année 2021, 36[233] ratifications sur les 55 Etats existant sur le continent. Cela montre bien l'attachement des Etats africains à l'intégration régionale et à une plus grande coopération pouvant permettre de mettre en œuvre les objectifs et la vision générale de l'agenda 2063 de l'Union Africaine : « *l'Afrique que nous voulons* (...) *une Afrique intégrée, prospère et pacifique, dirigée par ses propres citoyens, et représentant une force dynamique sur la scène mondiale* ».

Cette démarche inscrite dans la lettre et l'esprit de l'Acte constitutif de l'UA, si elle est mise en œuvre de façon concrète c'est-à-dire avec l'exécution des obligations contenues dans cet acte, contribuera à la réalisation des aspirations du peuple africain au développement, à la sécurité humaine, voire au respect des droits de l'homme et témoignera d'une éventuelle amorce de bonne gouvernance. Même si pour l'heure, le constat démontre qu'on est très loin de ces aspirations, le simple fait pour les Etats africains de souscrire à cet accord est en soi une première victoire qu'il ne faut pas négliger dans le combat général pour une coopération dans la paix, l'unité, la bonne gouvernance et le développement socio-économique des peuples africains depuis leurs indépendances.

Toutefois, bien que noble dans son contenu, la mise en œuvre de cet accord, n'apparaît-elle pas délicate, voire improbable pour les Etats africains économiquement, politiquement et sécuritairement instables ? Selon son secrétaire général, Wamkele Mene, la plupart des pays africains ne sont pas prêts à appliquer les termes de la zone de libre-échange continentale africaine. Cela veut dire qu'un certain nombre de défis sont à

[233] **Voir** *Infra.*, annexe 4 du présent mémoire.

relever pour rendre effectif l'accord. Au-delà des négociations qui sont en cours, il est possible déjà de relever d'une part que la mise en œuvre de l'accord sur le plan juridique peut s'avérer compliquée car les Etats africains sont membres de plusieurs organisations d'intégration régionales (**chapitre 1**) et que d'autre part, il faudra souligner la question de l'opérationnalisation de l'accord de manière pratique qui reste soumise à des contraintes et des challenges évidents rendant problématiques les perspectives de sa mise en œuvre (**chapitre 2**).

Chapitre 1 : l'affiliation des Etats africains à plusieurs organisations régionales

Aux termes de l'alinéa h de son article 3 sur les objectifs généraux de l'accord, on peut constater la mention explicite relative aux problématiques d'affiliation des Etats africains aux CER. Il est stipulé que l'accord vise à « *résoudre les défis de l'appartenance à une multitude d'organisations qui se chevauchent, et accélérer les processus d'intégration régionale et continentale* ». Il faut savoir que les Etats africains ont attaché depuis les années 1960 une attention particulière à l'intégration régionale. Cette attitude s'est concrétisée par une forme de frénésie quant à la création de ces regroupements tant économiques que politiques aux impacts relatifs.

« *Tiraillés entre un panafricanisme idéalisé et une souveraineté durement acquise, les jeunes Etats africains étaient peu enclins à abandonner cette dernière au profit de la réalisation du premier. Ainsi s'empilaient les organisations régionales sans véritable vision, approche téléologique du phénomène intégratif*[234]». Il y a *de facto* un constat selon lequel, d'une part (**section 1**) le développement du fait régional africain est prolifique dans sa constitution et sa démarche, et que d'autre part, cela engendre inévitablement dans le cadre de sa mise en place et de sa cohérence avec l'accord, une fragmentation des régimes applicables en l'espèce (**section 2**).

Section 1 : Le caractère prolifique du fait régional africain

S'il est d'ordre normal voire naturel que l'aspiration des Etats appartenant à un continent ou même à un sous-continent, une zone géographique plus limitée est de se regrouper, et qu'il soit ainsi un phénomène général dans l'ordre international[235], le

[234] Matthieu FAU-NOUGARET, *La concurrence des organisations régionales en Afrique*, L'Harmattan, 2012, p. 9.

[235] Nous pouvons sur le plan international souligner historiquement les ambitions bolivariennes du XIXème siècle en Amérique latine ou de nombreux projets d'unification européenne, souvent beaucoup plus anciens, portés pars des hommes politiques, des philosophes. Il a fallu toutefois attendre le XXème siècle pour connaître leurs premières concrétisations, la fin du siècle étant

continent africain, compte 14 organisations régionales (CER) ayant été reconnues et identifiées comme telles par l'OUA. Il convient de limiter les énumérations de ces CER à celles ayant une coopération dans le domaine. Ce constat des CER traduit une prolifération dont la logique et la pertinence restent contestées. Néanmoins, c'est avant tout sur la base de ces regroupements que toute l'architecture de l'intégration régionale africaine se construit (**paragraphe 1**), ce qui engendre une diversité de régimes juridiques applicables (**paragraphe 2**).

Paragraphe 1 : Les CER : piliers de l'intégration africaine

Etant reconnues dès le traité d'Abuja, les CER sont les fondements de l'intégration africaine. Les Etats africains réitèrent cette approche en reconnaissant dans le cadre de cet accord que « *les zones de libre-échanges des communautés économiques régionales (CER), servent de piliers, à la création de la Zone de libre-échange continentale africaine (ZLECAf)* [236]».

Il faut relever que dans le cadre de sa feuille de route sur l'intégration continentale, l'Afrique comparativement à l'Europe[237] part sur la base des regroupements régionaux et non sur des Etats nations de façon individuelle comme ce fut le cas avec la CECA. Dans le cadre de cette étude il faut opérer une distinction de compréhension entre les CER de coopération (**A**)

même marquée par une accélération du phénomène concomitamment avec l'explosion de la mondialisation. **Voir** à ce sujet l'avant-propos de Catherine FLAESCH-MOUGIN et Joël LEBULLENGER, *Regards croisés sur les intégrations régionales : Europe, Amériques, Afrique*, Bruylant Bruxelles, 2010.

[236] Préambule de l'accord ZLECAf.

[237] Pour l'UE on a eu la Communauté européenne du charbon et de l'acier (CECA) qui était une organisation internationale fondée sur le traité de Paris (1951), entré en vigueur le 23 juillet 1952 pour une durée de 50 ans.
Elle rassemblait six nations au lieu des CER, unifiant ainsi l'Europe de l'Ouest durant la Guerre froide et créant les bases d'une démocratie européenne et le développement actuel de l'Union européenne. Elle fut au niveau européen la première organisation basée sur des principes résolument supranationaux. Elle n'existe plus depuis le 23 juillet 2002.

et les formes les plus intégrées qui existent sur le continent (**B**) de manière générale.

A. Les CER de coopération

De manière globale, les CER ont pour objectif final une intégration. Cette première distinction relative à l'idée des CER de coopération doit s'entendre dans le cadre de cette étude comme des CER n'ayant pas encore atteint un niveau plus consolidé d'assimilation dans le sens où leur coopération reste un mode de relation. Ce mode de relation va impliquer une certaine mise en œuvre des politiques poursuivies pendant une certaine durée dans l'optique de rendre plus intimes les Etats membres sans mettre en cause leur indépendance[238], du moins partiellement à un degré moins pertinent. Partant de cette idée et à titre indicatif, dans le traité constitutif des CER africaines, l'intégration plus poussée apparaît comme finalité, mais leur niveau actuel reste déterminant pour l'analyse dans cette partie.

Par exemple pour la CEEAC mise en place en 1983[239], en dépit du fait que l'alinéa 1 de l'article 4 de son traité constitutif évoque l'intégration, les termes utilisés laissent entendre que la coopération dans cette optique reste déterminante ; que l'intégration serait renforcée si la coopération est bien avancée entre les Etats membres. L'extrait dudit article stipule ce qui suit « *la communauté vise à promouvoir la coopération et le renforcement de l'intégration régionale en Afrique Centrale dans tous les domaines de l'activité politique, sécuritaire, économique (...)*[240] ».

La coopération est plus exigée que l'intégration dans le cadre de la CEEAC. D'ailleurs les principes fondamentaux[241] gouvernant

---

[238] **Voir** à ce sujet l'idée de coopération évoquée par Togba ZOGBELEMOU, *Droit des organisations d'intégration économique en Afrique (CEDEAO, CEMAC, UEMOA, ZMAO)*, L'Harmattan, 2014, p. 24.

[239] Communauté des Etats de l'Afrique Centrale

[240] Article 4 & 1 du Traité révisé de la CEEAC du 18 Décembre 2019.

[241] L'article 3 du Traité révisé de la CEEAC cite entre autres comme principes : la souveraineté, l'égalité, le bon voisinage, l'indépendance, l'intangibilité des frontières, non recours à la force, règlement pacifique des différends... A la lecture de tels énoncés de principes, on se rend compte effectivement qu'on est

cette coopération font de la CEEAC plus une organisation de coordination et de compromis des souverainetés que d'intégration au sens de déléguer les prérogatives d'actions conséquentes à l'entité régionale. Il y a une certaine antinomie entre les principes de coopération et l'objectif d'intégration qui conduirait la CEEAC à devenir un pilier de l'AZELCAf, dans la mesure où tout semble démontrer que les Etats membres laissent peu de place à l'organisation dans ses actions, pourtant ils lui assignent des buts et des objectifs d'intégration[242].

Pareille situation pouvait être évoquée concernant le traité de la CEDEAO notamment sa version initiale de 1975. L'article 2 stipulait que « *le but de la communauté est de promouvoir la coopération et le développement dans tous les domaines de l'activité économique* ». Ce texte se référait à l'intégration sans en faire un objectif de la communauté. Pour réaliser la coopération, il fallait pour ce faire mettre en place des institutions, des organes délibérants qui adoptaient par le mécanisme de l'unanimité des décisions.

Cela revenait à conférer à chaque Etat membre un droit de véto pour lui permettre de défendre leurs intérêts nationaux quand ils le jugeaient nécessaire. En outre l'ensemble des protocoles adoptés par les organes communautaires étaient soumis à la ratification par les Etats membres selon les principes de droit international en vigueur[243]. En 1993, après sa révision, l'intégration apparaîtra plus clairement en ces termes « *par le présent traité, les hautes parties contractantes réaffirment la création de la CEDEAO et décident qu'elle sera à terme la seule*

---

dans le classicisme des organisations internationales instituées pour répondre à des besoins de coopération assez minimale.

[242] Des objectifs comme l'élimination des barrières tarifaires, l'établissement d'un tarif extérieur commun, l'établissement d'une politique commerciale commune à l'égard des tiers, harmonisation des politiques de concurrences, mise en place d'une citoyenneté communautaire… **Voir** Article 4 alinéa 2 & a, b, c…

[243] Article 62 du Traité de la Communauté économique des Etats de l'Afrique de l'Ouest (CEDEAO). Conclu à Lagos le 28 mai 1975. Il faut noter que cette version sera révisée en 1993. Elle est utilisée comme exemple pour montrer l'approche de coopération dans le cadre de cette communauté au départ.

communauté économique de la région aux fins de l'intégration économique et de la réalisation des objectifs de la communauté économique africaine[244] ».

L'Union du Maghreb Arabe (UMA) instituée à Marrakech[245] est, quant à elle, aussi un CER de coopération assez classique fondé avant tout sur des considérations d'identités et d'appartenance à un groupe[246]. L'article 3 de son traité identifie de manière générale des domaines de coopérations[247] sans faire de l'intégration une question importante dans cette configuration. C'est pourquoi l'UMA, bien qu'elle travaille dans la perspective d'instituer à terme une union économique maghrébine entre les cinq Etats membres reste largement un regroupement de coopération dont les visées intégratives sont très limitées. Il y a même un taux très faible de commerce intra-maghrébin[248].

---

[244] Article 2 du Traité de la CEDEAO, version révisée de 1993.

[245] Traité signé à Marrakech le 10 Rajab1409 de l'Hégire correspondant au 17 février 1989, amendé par le Conseil de la Présidence de l'Union du Maghreb arabe.

[246] L'article 2 du Traité de l'UMA stipule que : *L'Union vise à : - Renforcer les liens de fraternité qui unissent les Etats membres et leurs peuples ; - Réaliser le progrès et la prospérité des sociétés qui les composent et la défense de leurs droits ; - Contribuer à la préservation de la paix fondée sur la justice et l'équité ; - Poursuivre une politique commune dans différents domaines ; - Œuvrer progressivement à réaliser la libre circulation des personnes, des services, des marchandises et des capitaux.*

[247] L'article 3 cite quatre domaines : - *Sur le plan international : la réalisation de la concorde entre les Etats membres et l'établissement d'une étroite coopération diplomatique fondée sur le dialogue - Sur le plan de la Défense : la sauvegarde de l'indépendance de chacun des Etats membres ; - Sur le plan économique: la réalisation du développement industriel, agricole, commercial, social des Etats membres et la réunion des moyens nécessaires à cet effet, notamment en mettant sur pied des projets communs et en élaborant des programmes globaux et sectoriels - Sur le plan culturel: l'établissement d'une coopération visant à développer l'enseignement aux différents niveaux, à préserver les valeurs spirituelles et morales inspirées des généreux enseignements de l'Islam et à sauvegarder l'identité nationale arabe en se dotant des moyens nécessaires pour réaliser ces objectifs; notamment pour l'échange des enseignants et des étudiants et la création d'institutions universitaires et culturelles ainsi que d'instituts de recherche maghrébins..*

[248] Des pays comme l'Algérie ont un taux d'exportation dans les autres pays du Maghreb estimé en 2016 à 3,9 % ; la Mauritanie à 0,2 % ; le Maroc à 2,6 % ; la

Cette même dynamique se retrouve dans la Communauté d'Afrique de l'Est dont le but principal est de piloter le programme d'intégration économique, social et politique de l'Afrique de l'Est, de façon à créer de la richesse et à renforcer la compétitivité dans la région en stimulant la production, les échanges et l'investissement mais en ne mentionnant que la coopération comme mode de relation à priori. Selon l'article 5 (1) du Traité établissant la communauté d'Afrique de l'Est, « *les objectifs de la Communauté sont de développer des politiques et des programmes visant à agrandir et à approfondir la coopération entre les États membres dans les domaines politique, économique, social, culturel, de la recherche, de la technologie, de la défense, la sécurité, les affaires juridiques et judiciaires, pour leur bénéfice mutuel* [249]».

On pourrait étendre cette analyse dans le cadre de l'Autorité Intergouvernementale pour le Développement (IGAD) créée en 1996[250]. Cette organisation régionale envisage plusieurs domaines de coopération[251] sans pour autant faire de l'intégration un but principal figurant dans son texte fondateur. Il y a des énoncés qui reprennent l'idée d'intégration notamment au niveau

---

Tunisie à 9,5 %. Voir le tableau sur le commerce intra-maghrébin, disponible en ligne sur le site officiel de l'UMA : https://maghrebarabe.org/fr/echanges-commerciaux-intra-maghreb-et-vers-le-monde/.

[249] Traité pour l'établissement du traité de l'Afrique de l'Est, tel que modifié le 14 décembre 2006 et le 20 août 2007.

[250] Accord portant création de l'Autorité Intergouvernementale pour le Développement (IGAD), IGAD/SUM-96/AGRE-Doc, Nairobi, le 21 mars 1996. Bien qu'à l'origine, l'IGAD ait été conçue pour coordonner les efforts déployés par les Etats membres en vue de lutter contre la sécheresse et la désertification, il est devenu de plus en plus évident que l'Autorité constituait une enceinte régulière permettant aux dirigeants des pays de l'Afrique Orientale d'aborder d'autres questions politiques et socio-économiques dans un cadre régional. Conscient de ce fait, les Chefs d'Etat et de Gouvernement de Djibouti, de l'Erythrée, de l'Ethiopie, du Kenya, de la Somalie, du Soudan et de l'Ouganda ont pris, à l'occasion de leur sommet extraordinaire qui s'est déroulé le 18 avril 1995, la résolution d'élargir le mandat de l'IGAD et de faire une déclaration sur la revitalisation de l'IGAD ainsi que sur l'élargissement de la coopération entre les Etats membres. L'IGAD revitalisée a été rebaptisée "Autorité Intergouvernementale pour le Développement (IGAD)".

[251] Article 7 de l'IGAD : Les domaines du commerce, transports, communication, sécurité alimentaire, développement durable…

du préambule[252] mais cela reste quand même très marginale. Néanmoins, pour la ZLECAf, l'IGAD fait partie des zones qui ont été instituées pour permettre la réalisation du traité d'Abuja. Cette perspective reste imprégnée dans le travail de l'organisation qui est aussi un pilier de ce processus.

A cet effet, la zone de libre-échange de l'IGAD (ZLE) est envisagée dans les six étapes de la réalisation de la Communauté économique africaine (CEA). Cet aspect est également entériné lors de la décision de la 12e assemblée des chefs d'Etat et de gouvernement de l'IGAD (réunis à Addis-Abeba en 2008), indiquant au Secrétariat de développer et de mettre en application des programmes et des politiques d'intégration régionaux résultant à l'élaboration d'une feuille de route pour la création de la ZLE de l'IGAD qui a été ensuite approuvée en 2010 par les Etats membres[253].

La CEN-SAD[254] quant à elle aussi apparait comme un instrument de coopération sectorielle entre ses Etats membres afin de mettre en valeur leurs immenses ressources naturelles. Dès sa création, elle a fonctionné de manière informelle car les textes de bases n'avaient pas été adoptés. Il a fallu attendre la session extraordinaire de la conférence des chefs d'Etat de 2013 pour rendre l'organisation plus fonctionnelle. Les Etats membres ont élaboré un projet de mise en place d'une ZLE projeté à l'horizon 2010 pouvant permettre la libre circulation des biens, des

---

[252] Alinéa 6 et 7 du Préambule de l'accord créant l'IGAD : « *Confiants que le développement de la coopération et de l'intégration économique des pays de la région contribueront à la réalisation des objectifs définis dans les Chartes de l'Organisation de l'Unité Africaine et de l'Organisation des Nations Unies ; - Résolus à poursuivre une coopération globale fondée sur l'égalité et l'intérêt mutuel dans le but de réaliser l'intégration économique ; (...)* ».

[253] Les difficultés relatives à la matérialisation de cette approche dans le cadre de l'IGAD seront examinées dans le paragraphe 2 de cette première section du chapitre 1.

[254] La Communauté des États sahélo-sahariens (CEN-SAD) est une organisation internationale regroupant 29 États africains. La CEN-SAD a été créée à Tripoli le 4 février 1998. Elle acquiert le statut de communauté régionale lors du 36e sommet ordinaire de l'OUA, réuni à Lomé (Togo) du 4 au 7 Juillet 2000 et le statut d'observateur auprès de l'Assemblée Générale des Nations-Unies en vertu de la résolution A/RES/56/92.

services et des capitaux. Malgré ses ambitions, les réalisations d'une intégration tardent à être concrètes. On peut notamment déplorer l'absence d'accord dans le domaine de la circulation des personnes dans cet espace hormis les détenteurs de passeports diplomatiques[255].

En dépit du fait que les CER semblent évoluer dans une optique de coopération, l'élément commun a toujours été d'arriver à terme à une intégration.

B. *Les formes plus intégrées de coopération*

Selon P. F. Gonidec, l'intégration serait définie comme :

> « *à la fois un processus et une situation qui, à partir d'une société internationale morcelée en unités indépendantes les unes des autres, tendent à leur substituer de nouvelles unités plus ou moins vastes, dotées au minimum d'un pouvoir de décision, soit dans un ou plusieurs domaines déterminés, soit dans l'ensemble des domaines relevant de la compétence des unités intégrées, à susciter, au niveau des consciences individuelles, une adhésion ou une allégeance et à réaliser au niveau des structures une participation de tous au maintien et au développement de la nouvelle unité*[256] ».

Cette idée conduit donc inévitablement chaque entité de l'ensemble à se considérer comme faisant partie d'un tout consentant aux règles de cet ensemble. Il s'agit d'une finalité opérée par le moyen des coopérations graduelles conduisant progressivement l'entité instituée à se substituer à un certain degré, aux prérogatives et compétences détenues à la base par ses membres composants, entendus dans ce cadre comme étant les Etats membres[257]. Il y a de ce fait une différence majeure qui

---

[255] Alhousseini MOULOUL, *op. cit.* p. 144.

[256] Togba ZOGBELEMOU, *op. cit.* p. 24.

[257] En effet l'exercice de la fonction d'intégration nécessité qu'une entité non étatique assure concurremment ou parallèlement aux Etats membres des activités dont ces derniers ont traditionnellement le monopole. C'est à ce niveau la recherche d'un intérêt collectif qui n'est pas la simple addition des intérêts des intérêts des Etats membres. **Voir** Togba ZOGBELEMOU, *op. cit.* p. 25.

s'opère entre l'intégration économique[258] et la coopération économique. Le premier aboutit à transférer aux institutions de coopération un pouvoir autonome de décision tandis que le second sauvegarde l'indépendance des partenaires à un degré plus élevé. Pour les partenaires internationaux[259] des Etats africains, les intégrations régionales constituent des dispositifs majeurs et nécessaires dans le développement du continent. L'OUA a toujours mis cet aspect au-devant de ses priorités et l'UA reste dans cette continuité.

Il convient de souligner l'exemple du Marché commun de l'Afrique orientale et australe COMESA[260] composé de 21 États membres africains qui ont convenu de promouvoir l'intégration régionale par le commerce et le développement des ressources naturelles et humaines dans l'intérêt mutuel de toutes les populations de la région. Les États membres du COMESA ont créé une Zone de libre-échange (ZLE) le 31 octobre 2000 après 16 ans de libéralisation progressive du commerce via la réduction

---

[258] L'intégration économique suppose de la part des Etats concernés la conception et la mise en œuvre de politiques communes dans les domaines économique, financier, commercial etc. Elle se traduit par la création de communautés économiques, qui impliquent pour chaque Etat membre des engagements plus poussés allant jusqu'à certain abandon de souveraineté. **Voir** Togba ZOGBELEMOU, *Ibid.*

[259] L'Union européenne, de son côté, notamment via les 9e et 10e Fonds européen de développement (FED), investit des montants toujours plus considérables en appui aux unions régionales d'Afrique subsaharienne ; elle a même érigé l'intégration régionale en principe premier des accords de partenariat économique (APE) en cours de négociation. Les États-Unis d'Amérique, la Chine, l'Inde accentuent chaque année leur soutien aux organisations régionales africaines telles que la CEDEAO à l'ouest du continent, la CEMAC en son centre, le COMESA à l'est ou la SADC au sud. **Voir** Francis Saudubray, « Les vertus de l'intégration régionale en Afrique », De Boeck Supérieur | « Afrique contemporaine » 2008/3 n° 227 | p. 175.

[260] Le COMESA a été créé au départ en 1981 en tant que Zone d'échanges préférentiels des États de l'Afrique orientale et australe ZEP, dans le cadre du Plan d'action de Lagos et de l'Acte final de Lagos adoptés par l'Organisation de l'unité africaine OUA. La ZEP a été transformée en COMESA en 1994. Elle avait été mise en place dans le but de tirer parti d'un marché plus vaste, de partager l'héritage et le destin communs de la région ainsi que de permettre la coopération sociale et économique. L'article 3 du traité de la COMESA fixe l'ensemble des buts et objectifs du traité relatifs à l'intégration.

des droits de douane intra-COMESA. En décembre 2017, 16 pays participaient à la ZLE. Trois autres États membres à savoir l'Éthiopie, l'Érythrée et Eswatini se trouvaient à des niveaux différents de participation à la ZLE.

L'existence de la ZLE et les réductions tarifaires opérées par les autres États membres ont eu pour résultat la diminution considérable des droits de douane intra-COMESA. Selon les statistiques du COMESA, le commerce intra-COMESA a augmenté en moyenne de 7% chaque année depuis la création de la Zone de libre-échange, et les échanges entre les pays membres de la ZLE ont enregistré l'augmentation la plus forte. Au cours de cette année 2021, le secrétariat de la ZLECAf et le COMESA ont entrepris des travaux préparatoires pouvant permettre l'établissement d'un régime de coopération entre les deux espaces dans le cadre de l'opérationnalisation de l'accord[261].

La CEDEAO après la révision de son traité constitutif de 1993[262] a fait disparaître même le mot « coopération » de l'objet de l'organisation dans la mesure où l'intégration est devenue le but ultime affiché. C'est aussi une évolution qui s'inscrit dans le cadre du traité d'Abuja qui fait de la CEDEAO le cadre institutionnel de la réalisation de cette communauté pour l'Afrique de l'Ouest. A cet effet, fut mise en place la seconde zone monétaire de l'Afrique de l'Ouest (ZMAO). L'accord instituant la ZMAO rappelle dans son préambule d'ailleurs les principes fondamentaux de la CEDEAO et les dispositions prises en vue de la création d'une union monétaire et économique conformément aux articles 3, 4, 51 et 55 du traité de la CEDEAO. L'objectif était de créer et de fusionner en 2020 en principe le franc CFA et l'Eco qui doivent être administrés par la ZMAO après l'étude des critères de convergence[263].

---

[261] Site web du COMESA, last news, press releases, Lusaka, Tuesday, April 13 2021: AfCTA, COMESA to Establish Cooperation Framework – Common Market for Eastern and Southern Africa (COMESA).

[262] **Voir** *supra.*, partie **A**, p. 60 sur les CER de coopération sur l'article 2 qui transforme les objectifs de simple coopération en intégration.

[263] Alors que les articles 3 et 4 sont relatifs aux objectifs et principes fondamentaux de la communauté, les articles 41 et 55 traitent de l'intégration

Au niveau de l'Afrique Australe, la SADC[264] fait de l'intégration régionale un objectif dans son traité constitutif comme instrument de développement. L'article 1 (a) dispose que parmi ses objectifs, la SADC « *promote sustainable and equitable socio-economic development that will ensure poverty alliviation with the ultimate objective of its eradication, enhance the standard and quality of life of the people of Southern Africa and support the socially disadvantage through regional integration* ». La réalisation de cet et/ou ses objectif(s) a conduit la communauté à établir une zone de libre-échange en 2008. Le sommet des chefs d'Etat d'octobre 2007 s'était aussi fixé comme objectif de mettre en place une Union douanière en 2010[265].

D'autres CER non prises en compte dans le cadre du programme de l'UA[266] en relation avec l'accord ont un degré d'intégration très élevé qu'il faut souligner. Ainsi en est-il de l'Union Economique et monétaire de l'Afrique de l'Ouest dont les 7 pays membres ont signé en 1994 un accord d'intégration régionale. Cet accord disposait notamment que « *tous les obstacles tarifaires et non tarifaires au commerce régional seront éliminés et des tarifs extérieurs communs (TEC) seront appliqués sur les*

---

monétaire et financière et de la réalisation d'une union économique et monétaire. Cf Amadou Oury kory Bah Repris par Togba ZOGBELEMOU, *op. cit.* p. 29.

[264] Le traité portant création de la SADC est entré en vigueur le 30 Septembre 1993. Ce traité redéfinit la coopération en passant d'une association peu rigoureuse à une organisation à statut légal. C'est aussi un traité signé dans le contexte de l'OUA après la mise en place en 1991 du traité d'Abuja. La perspective d'en faire un pilier de l'intégration économique africaine était donc très claire.

[265] Due to capacity constraints within the SADC Secretariat the implementation of the Regional Indicative Strategic Development Plan started late, meaning this milestone has not yet been attained. However, it is anticipated that that the establishment of the SADC Customs Union will be reached by 2013. These delays in the implementation of the SADC Customs Union mean that following steps in the chain of integration milestones will be delayed, including the SADC Common Market and Monetary Union. **See** SADC webside https://www.sadc.int/about-sadc/integration-milestones/.

[266] Il s'agit du Programme Minimum d'intégration de l'UA qui ne néglige pas les autres CER très intégrées mais essaie de limiter les effets d'une prolifération de ces CER. **Voir** *infra.*, partie (B) du paragraphe 2 sur l'appartenance multiple des Etats aux CER, p. 79.

importations non régionales. L'application intégrale des décisions de l'accord était effective au 1er janvier 2000[267] ». Ou encore des regroupements régionaux comme la Communauté Economique et Monétaire de l'Afrique Centrale[268] (CEMAC) dont l'article 2 du traité de 2008[269] est très explicite sur l'aspect intégratif de cette communauté.

Selon ses termes, « *la mission essentielle de la communauté est de promouvoir la paix et le développement harmonieux des Etats membres, dans le cadre de l'institution de l'Union : une union économique et une Union Monétaire. Dans chacun de ces domaines, les Etats membres entendent passer d'une situation de coopération qui existe déjà entre eux, à une situation susceptible de parachever le processus d'intégration économique et monétaire* ». Ces deux organisations d'intégration économique[270] ont été mises en place dans un contexte de dévaluation du franc CFA et la transformation de ces CER en unions économiques favorisée par une monnaie commune, a suivi de peu le traité de Maastricht de 1992 entré en vigueur en 1993.

Ces CER témoignent d'une frénésie en matière d'engagements internationaux des Etats africains, ce qui va être délicat pour la

---

[267] Bernard Decaluwé, Yazid Dissou, André Patry, « Union douanière au sein de L'UEMOA : Une analyse quantitative », Presses de Sciences Po | « Revue économique » 2001/4 Vol. 52 | p. 812.

[268] La Communauté économique et monétaire de l'Afrique centrale (CEMAC) a été établie par un traité signé à N'Djaména, au Tchad, le 16 mars 1994. Elle a pour objectif principal la création d'un marché commun africain dans la sous-région.

[269] Traité révisé de la Communauté Economique et Monétaire de l'Afrique Centrale (CEMAC) Traité du 16 mars 1994, révisé le 25 juin 2008.

[270] Mais contrairement à l'UEMOA qui a entrepris simultanément la réalisation de son intégration, la CEMAC avait prévu six ans. Ces délais étaient répartis en deux étapes à partir de 2008 pour réaliser l'intégration économique avec une première étape effective consacré au marché commun et à des actions communes dans les domaines de l'enseignement, de la formation professionnelle, de la recherche, du dialogue social, des questions de genre, de la bonne gouvernance et des droits de l'homme ; la seconde étape doit se préoccuper de la mise en œuvre d'un processus de coordination des politiques nationales dans les secteurs de l'agriculture, l'élevage, la pêche, le commerce, le tourisme, les transports etc., **Voir** Togba ZOGBELEMOU, *op. cit.* p. 33.

ZLECAf puisque le constat est évident : les Etats africains appartiennent à des CER multiples.

Paragraphe 2 : L'appartenance multiple des Etats aux CER

S'il est vrai que l'ensemble des CER présents sur le continent africain sont des regroupements sur lesquels l'UA peut compter dans le cadre de son intégration régionale, l'effet pervers de l'appartenance multiple des Etats africains dont il convient de rendre compte (**A**) va obliger l'UA à l'adoption d'un programme minium qui limite les CER à prendre en considération dans le cadre du processus (**B**).

A. Des Etats africains dispersés dans les CER

« *Le bol de spaghetti*[271] » est l'expression empruntée à l'économiste indien Jagdish BHAGWATI pour qualifier la dispersion voire l'effet pervers de l'appartenance des Etats africains dans les regroupements régionaux. Ces structures censées harmoniser le processus d'évolution vers la Communauté Economique Africaine se trouvent parfois en chevauchement du fait de la dispersion des Etats africains au sein de plusieurs. En effet, plusieurs pays sont membres de deux, trois voire quatre communautés d'intégration régionales sans compter les initiatives de coopération régionale (IRC).

Par exemple, le Burundi appartient à quatre CER et à 3 IRC. Ces adhésions croisées infligent des maux terribles à la santé

---

[271] Image en annexe 3. « C'est Bhagwati (1995) qui est à l'origine de l'expression. Devant la complexité des réseaux commerciaux, Bhagwati a utilisé le terme de « bol de spaghetti » du commerce international en constatant la variété ainsi que le nombre impressionnant des accords commerciaux en vigueur ou en cours.
La représentation se fera suite à une interaction des pays appartenant aux 14 communautés économiques africaines ». **Voir** Ibtissam BAHMANE, « Les Communautés Economiques Régionales en Afrique », une présentation au 6th International Conference on Economics and Management of Networks 21-23 November 2013, Agadir – Morocco. Disponible en ligne : Communautés Economiques Régionales en Afrique - PDF Téléchargement Gratuit (docplayer.fr).

économique de l'Afrique[272]. Certains grands ensembles comme le COMESA[273] ou encore la CENSAD[274] sont composés tantôt des pays appartenant à l'Afrique subsaharienne, tantôt des pays d'Afrique du Nord. Il faut donc mentionner qu'il est très difficile de trancher sur l'appartenance de certains pays vu les contradictions entre les sites officiels respectifs des entités, les travaux de recherche et les actualités économiques. Il y a un problème au niveau de la mise à jour des données et de la coordination à commencer par le site Internet de l'Union Africaine où parfois les bugs techniques existent[275].

Cette dispersion peut toutefois s'analyser comme étant une résultante de la dynamique d'institutionnalisation de la vie internationale[276] au niveau continental. Un catalogue d'appartenance de chacun des Etats ne peut être pertinent dans le cadre de cette étude, raison pour laquelle les quelques exemples cités sont simplement illustratifs.

Le phénomène dit du « renouveau de l'inter-étatisme » sur le continent accompagné par « la multiplication des *Etats-Nationaux*[277] » a produit un effet substantiel traduit par cette

---

[272] Déo Ngendakumana, Viabilité du Burundi dans les communautés économiques régionales, page 4. **Cité** par Ibtissam BAHMANE, *op. cit.* p. 6.
[273] Au niveau du COMESA, nous pouvons citer des pays de l'Afrique du Nord comme la Lybie, l'Egypte et la Tunisie qui sont membres de sa zone de libre-échange et parmi ces Etats, la Tunisie et l'Egypte sont aussi membre de l'UMA qui a pour objectif est aussi l'institution d'une zone de libre-échange avec le démantèlement de l'ensemble des obstacles tarifaires et non tarifaires au commerce entre les pays membres avec une vision plus intégrée.
[274] Au niveau de la CENSAD, nous pouvons énumérer quelques Etats comme le Mali, le Burkina Fasso, le Niger qui appartiennent aussi à la CEDEAO et à l'UEMOA avec encore d'autres pays d'Afrique du Nord comme le Maroc, la Tunisie entre autres.
L'IIRA relève que le niveau d'intégration au sein de la CEN-SAD est faible avec une moyenne se limitant à 0,541. À l'instar de la CEDEAO et de la SADC, la CEN-SAD affiche une faible performance en termes d'intégration productive et des infrastructures, mais celle-ci est relativement satisfaisante en matière de libre circulation des personnes. **Voir** CEN-SAD - Indice de l'intégration régionale en Afrique (integrate-africa.org).
[275] Ibtissam BAHMANE, *op. cit.*, p. 8.
[276] Matthieu Fau-NOUGARET, *op. cit.*, p. 19.
[277] Matthieu Fau-NOUGARET, *op. cit.*, p. 20.

éclosion dans le cadre de la coopération multilatérale africaine. Cela amène parfois à se demander si les Etats africains en voulant légitimement répondre au besoin de coopération multilatérale permettant de limiter les effets potentiels qui résulteraient de l'anarchie de la juxtaposition des souverainetés étatiques, ne se sont-elles pas mises dans une situation complexe dans le sens où on assisterait à des concurrences entre les CER ? Entre la logique d'efficacité et d'effectivité par le fait régional africain de caractère prolifique, quelles perspectives pour la ZLECAf ?

Pour certains, il s'agirait aussi finalement d'un foisonnement non concurrentiel dans la mesure où les diverses organisations régionales africaines seraient formées de manière progressive « *sans formes institutionnelle rigide*[278] ». Cependant cette réponse doit être quelque peu nuancée selon qu'il s'agisse du cadre continental ou régional voire sous-régional. Il apparait que s'agissant du niveau continental, une homogénéité transparait sous l'égide de l'UA. Là où en revanche des critiques sont les plus virulentes c'est à l'égard des CER de la Communauté Economique Africaine, celles sur lesquelles la ZLECAf se fonde conformément au dernier alinéa de son préambule[279].

Ces dernières sont effectivement[280] concurrentielles dans la mesure où le motif qui les sous-tend est largement d'ordre économique. Il s'agit pour ces Etats appartenant à des CER que ce soit pour l'Afrique centrale ou de l'Ouest d'arriver ou de faire des efforts en vue de « *remédier aux difficultés de leurs économies nationales morcelées et isolées en s'efforçant fréquemment de maintenir et de développer les liens que la colonisation a tissés*[281] ».

---

[278] Diez de Velasco Vallejo (M.), *Les organisations Internationales*, Economica, 2002, p. 820.

[279] Pour rappel de cet alinéa les chefs d'Etat de l'UA reconnaissent « *que les Zones de libre-échange des Communautés économiques régionales (CER), servent de piliers, à la création de la Zone de libre-échange continentale africaine (ZLECAf)* ».

[280] Nous ferons une étude de cas dans la section 2 relative à la fragmentation des régimes juridiques applicables, voir *supra.*, p. 84.

[281] Diez de Velasco Vallejo (M.), *op. cit.*, p. 820.

On pourrait également soutenir la thèse selon laquelle les effets concurrentiels des CER africaines découlant de la multi-appartenance des Etats en leur sein est relatif. Cela est dû au fait qu'elles ne témoignent pas dans leur fonctionnement du même degré d'évolution. Il serait constatable qu'« *un certain nombre d'entre elles, les moins nombreuses, ont une vie internationale très intense (...) ; d'autres, en revanche, et ce sont les plus nombreuses, mènent une vie léthargique*[282] » établissant de *facto* une concurrence d'attractivité. La Tunisie par exemple au-delà d'appartenir à l'UMA, appartient aussi au COMESA pour augmenter sa capacité d'échanges en matière commerciale. Il y a également en Afrique de l'Ouest, la coexistence entre les traditions anglophones et francophone constituant parfois un frein à la CEDEAO à cause du leadership prédominant du Nigéria. D'ailleurs les Etats de culture francophone vont créer l'UEMOA à cause du partage de monnaie commune.

Pour répondre donc à la problématique de cette logique, il faut noter que l'effet pervers le plus décrié sur cet état de fait reste ce que beaucoup qualifient « d'inflation » dans la mesure où ces chevauchements entre CER induits par les Etats entraînent aussi des gaspillages des ressources et moyens tant économiques qu'humains, ainsi que la confusion d'objectifs qui en résulteraient[283]. C'est pour ces problématiques que dans le cadre de la ZLECAf, l'UA compte s'en tenir aux CER définies par son programme d'intégration conformément à l'esprit du traité d'Abuja.

On estime par exemple qu'au-delà de ces considérations, la concurrence des OIR de manière générale en Afrique exprimerait le pragmatisme de la construction sous-régional africaine car celle-ci a une dimension fonctionnelle très forte qui a pour effet de créer une superposition des organisations au sein d'une même zone géographique en fonction de la participation des Etats parties à telle ou telle autre organisation. Matthieu Fau-NOUGARET, *op. cit.* p. 22.

[282] Diez de Velasco Vallejo (M.), *op. cit.*, p. 808.

[283] *Ibid.*, p. 807.

B. *Le programme minimum d'intégration de l'UA comme remède aux effets pervers de la dispersion*

Juridiquement, les relations entre l'UA et ces communautés dans la mise en œuvre du programme sont régies par trois instruments : le traité d'Abuja,[284] l'Acte constitutif de l'UA[285] et le protocole sur les relations entre les communautés économiques régionales et la Communauté Economique Africaine. En vertu du statut juridique des CER, elles sont définies comme des entités distinctes et indépendantes régies par des textes spécifiques. L'article 88 du Traité d'Abuja a prévu l'établissement des relations entre la CEA et les CER et d'un instrument juridique devant régir ces relations en son article 95[286].

Les paragraphes 1 et 3 de l'article 88 du Traité d'Abuja énoncent le Protocole sur les relations entre la Communauté économique africaine et les Communautés économiques régionales. Ce Protocole a été signé en 1998 et réactualisé en 2007[287]. Mais globalement quelles sont l'effectivité et la portée du PMI dans les CER en vue de répondre aux objectifs du traité d'Abuja par-delà les questions de coopérations ponctuelles ?

Il faut tout de même signaler d'entrée de jeu que l'effet prolifique à caractère pervers parfois des CER au niveau du continent africain est à considérer avec modération et retenue. En effet il peut traduire la nature des finalités poursuivies au sein de ces CER notamment des objectifs de caractère ambitieux. Selon le

---

[284] L'article 4 (& 1 (d)) dudit traité avait établi dès le départ la nécessité de coopérer avec les CER. Ses dispositions stipulent que l'un des objectifs du traité est de « *coordonner et harmoniser les politiques entre les communautés économiques existantes et futures en vue de la mise en place progressive de la communauté* » ; et puisque l'article 33 de l'acte Constitutif de l'UA n'abroge pas les dispositions du traité de la CEA à l'exception de celles qui pourraient être contraires à l'acte, ces dernières relatives aux relations CER UA restent dans une certaine mesure en vigueur.

[285] Les mêmes dispositions de l'article 4 & 1 (d) du traité d'Abuja sont reprise à l'article 3 (l) de l'Acte constitutif de l'UA de 2000.

[286] Cette disposition permet aux Etats membres de conclure des accords sectoriels entre eux et de coopération avec la CEA, pourvu que ces accords n'entravent pas l'objectif d'intégration amorcée par le traité d'Abuja.

[287] Disponible en ligne sur 2007 July Protocol with the RECs _F.pdf (au.int).

Professeur Diez, « *toute évolution dans ce secteur passe inévitablement par une restructuration du régionalisme (avec parfois) la disparition de certaines OI, le renforcement d'autres, l'harmonisation de leur action combinées*[288] ». On se poserait la question légitime de savoir, comment expliquer que la RDC soit membre de la CEEAC mais ne soit pas membre de la CEMAC qui couvre pourtant la même zone géographique sinon qu'elle n'appartient pas à la zone franc ? Toutes ces affiliations régionales dépendent dans ce sens des questions historiques liées aux solidarités anciennes[289] et aussi nouvelles ainsi que des objectifs recherchés éventuellement.

Evidemment la problématique de l'efficacité se pose toujours lorsqu'il faut prendre en considération ces situations parfois légitimes d'appartenance des Etats africains aux CER. La réponse ne peut qu'être nuancée puisque dans ce cas de figure, l'analyse se porte avant tout sur des organisations internationales dont les mécanismes de coopération institutionnelle témoignent de complexités structurelles pouvant déboucher à des incohérences fonctionnelles. En plus il faudrait reconnaître aussi que le continent africain est constamment à la recherche d'adaptation au regard des exigences entre autres des institutions internationales ou même de l'Union Européenne dans le cadre des accords de partenariats. Tout cela affaiblit considérablement le degré d'action effective des CER[290].

---

288 *Ibid.*

289 Le continent africain hérite de la période coloniale de multiples morcellements (géographiques, culturels, économiques et politiques) et schémas régionaux qui constituent aujourd'hui à la fois des pierres d'achoppement et des pierres d'angle du processus d'intégration régionale en Afrique. Dans la plupart des régions d'Afrique, on retrouve les colonies françaises en Afrique occidentale française (AOF) et en Afrique équatoriale française (AEF), les colonies britanniques en Afrique de l'Est, et les colonies belges d'Afrique centrale ont formé des marchés bien intégrés au cours de la période coloniale.

290 Les difficultés telles que la pénurie de ressources financières et humaines, l'adhésion de nombreux Etats membres à plusieurs CER; l'insuffisance des infrastructures physiques; et dans certains cas, un manque de cohérence et de corrélation entre les programmes de coopération sectorielle et les politiques macro-économiques mises en œuvre par les CER, le manque de volonté

D'ailleurs dans le cadre des APE entre l'UE et les pays africains, l'objectif étant de créer à terme une zone de libre-échange entre l'union européenne et les pays africains signataires. La procédure des négociations étant individuelle, le déséquilibre entre les partenaires est criant d'une part[291] et l'objectif de ces APE à savoir créer une zone de libre-échange est contradictoire avec le but d'intégration régionale selon les termes du traité d'Abuja d'autre part.

D'après l'article 93 (alinéa 1) du traité d'Abuja : « *les Etats membres peuvent conclure des accords à caractère économique, technique ou culturel, avec un ou plusieurs Etats membres, avec les Etats tiers, avec les organisations sous-régionales et régionales, ou avec toute autre organisation internationale, à condition que ces accords ne soient pas incompatibles avec les dispositions du présent traité. Ils communiquent les copies desdits accords au secrétariat général et au conseil*[292] ». Or les APE que proposent l'UE sont des engagements pour créer une zone de libre-échange dans des conditions qui risquent de compromettre l'objectif de la Communauté Economique Africaine[293].

En plus, les APE violent également les dispositions de certains CER qui se sont constitués comme des groupements ayant concédé des prérogatives à l'entité régionale dans le cadre des

---

politique; la faiblesse de l'infrastructure institutionnelle; le manque de coordination entre les institutions panafricaines et le manque de cohésion entre les nombreux partenaires au développement. **Voir** le Plan d'action du Programme minimum d'intégration (PMI) Rapport sur l'établissement des coûts Juillet 2011.

[291] « *Un pays africain qui dispose en moyen de 20 millions d'habitants est appelé à négocier avec l'Union Européenne qui compte plus de 400 millions d'habitants (...)* ». **Voir** Joseph MBITA, *l'Afrique face aux accords de partenariat économique avec l'UE, Op. Cit.*, p. 85-86.

[292] Traité d'Abuja de 1994.

[293] Il faut rappeler que l'article 5 (alinéa 1) du traité d'Abuja stipule aussi que « *les Etats membres s'engagent à orienter leurs efforts pour réunir les conditions favorables au développement de la communauté et à la réalisation de ses objectifs, notamment par l'harmonisation de leurs stratégies et politiques. Ils s'abstiennent une quelconque mesure unilatérale susceptible d'en compromettre la réalisation* ».

accords économiques. A titre d'exemple, l'alinéa (b) de l'article 13 du traité révisé de la CEMAC de 2009 stipule que l'établissement de la politique commerciale commune vis-à-vis des Etats tiers, volet essentiel du marché commun, relève de la compétence exclusive de la CEMAC. Pourtant, l'UE pousse les Etats africains à prendre des engagements unilatéraux en matière de commerce extérieur qui constituent sans nul doute un handicap pour l'accélération et la réussite des processus d'intégration économique engagés au plan régional et africain.

Il y a de *facto* et *de jure* une violation flagrante par les Etats africains du traité d'Abuja. En conséquence, les APE sont au regard du droit international général illicites dans la mesure où le droit international interdit aux Etats de prendre des engagements contradictoires conformément à l'éthique et au principe juridique selon lequel « *nul ne peut se prévaloir de sa propre turpitude* »[294]. Sur le plan pratique, une telle approche constitue une entrave à la cohérence de l'intégration régionale africaine[295].

Pour palier à ces différents manquements, l'UA dans son programme d'intégration a défini un cadre limité des CER pour l'exécution des objectifs du traité de la CEA. Pour limiter le nombre des communautés régionales, l'Union africaine a élaboré le Programme minimum d'Intégration (PMI) autour de huit principales[296] entités et décidé en 2006 un moratoire pour la reconnaissance de nouvelles institutions régionales. Le PMI est un mécanisme de convergence des Communautés économiques régionales, formulé sur la base d'un certain nombre de domaines

---

[294] Joseph MBITA, *l'Afrique face aux accords de partenariat économique avec l'UE*, *Op. Cit.*, p. 90.

[295] La dispersion quant à l'exécution des obligations du traité d'Abuja et la nécessité de répondre à l'UE qui est dominant en termes de poids économique conduit les Etats africains à cette incohérence.

[296] Nous avons à cet effet : L'Union du Maghreb arabe (UMA) ; Marché commun de l'Afrique orientale et australe (COMESA) ; Communauté des États Sahélo Sahariens (CEN–SAD) ; Communauté d'Afrique de l'Est (CAE) ; Communauté économique des États de l'Afrique centrale (CEEAC) ; Communauté économique des États de l'Afrique de l'Ouest (CEDEAO) ; Autorité Intergouvernementale sur le Développement (IGAD) ; Communauté de développement de l'Afrique australe (SADC).

prioritaires à mettre en œuvre aux niveaux régional et continental.

Il permet aux CER de renforcer leur coopération et de profiter mutuellement de leurs avantages comparatifs, des meilleures pratiques dans le domaine de l'intégration. Il constitue le chaînon manquant entre le Traité d'Abuja et sa réalisation. Ce programme est d'une importance capitale car il fait l'unanimité autour des activités et des projets à exécuter pour accélérer le processus d'intégration régionale et continentale. Il donne de la visibilité au processus et clarifie les relations entre les parties prenantes ou acteurs en termes de coordination et d'harmonisation des politiques[297]. L'objectif étant de « *traiter les contraintes considérables qui entravent la capacité des CER à générer et canaliser un effort collectif et soutenu en vue de l'intégration de l'Afrique*[298] ». Cependant cette approche est critiquable dans la mesure où « *on semble départir de la logique de cinq CER*[299]. *Il traduit à notre sens un certain embarras et sa rationalité dans le*

---

[297] Cf Plan d'action du Programme minimum d'intégration (PMI) Rapport sur l'établissement des coûts Juillet 2011.

[298] Matthieu Fau-NOUGARET, *op. cit.,* p. 178.

[299] Dans le Traité instituant la CEA, la région est définie comme telle « par la résolution CM/Res.464 (XXVI) du Conseil des Ministres de l'OUA relative à la répartition de l'Afrique en cinq régions : Afrique du Nord, Afrique de l'Ouest, Afrique centrale, Afrique de l'Est et Afrique australe ». Cette définition est donc avant tout basée sur des critères géographiques. Parmi les CER, l'IGAD, la CENSAD et l'EAC ne correspondent pas à la définition de région. Le Marché commun de l'Afrique orientale et australe et la Communauté des Etats sahélo sahariens sont parmi les plus grands ensembles. Géographiquement peu étendues, les Communautés économiques sous-régionales sont considérées comme des sous-ensembles de CER plus importantes. Le Traité instituant la CEA définit une « sous-région » comme un « ensemble d'au moins 3 Etats d'une même ou plusieurs régions ». Dans les cinq régions identifiées par l'OUA, le processus d'intégration dépend de deux ou plusieurs regroupements, la plupart des pays étant membres de plusieurs organisations. Ainsi, sur les 53 pays africains : 7 pays seulement appartiennent à une seule CER, 27 appartiennent à deux CER et 18 autres à trois CER. **Voir** à ce sujet Dr Amandine GNANGUENON, « Le rôle des Communautés économiques régionales dans la mise en oeuvre de l'Architecture africaine de paix et de sécurité », DELEGATION AUX AFFAIRES STRATEGIQUES Chargé de mission Etudes Sous-direction Politique et Prospective de défense, Octobre 2010, p. 21.

choix de certaines institutions n'est sans influence de l'activisme des Etats qui les animent[300] ».

Pour évaluer le PMI dans le cadre de la coopération UA-CER, le cas de l'objectif relatif à la circulation des personnes au sein de la CEDEAO et de la CEEAC parait assez illustratif. Conformément à l'article 43[301] du traité d'Abuja qui met à la charge des Etats membres l'obligation de réaliser de manière progressive la circulation des personnes, il était nécessaire dans ce cadre-là pour les Etats d'établir des protocoles pour régir cette coopération. Le PMI propose aussi aux Etats membres de mener des actions prioritaires au niveau continental avec l'exemption de visa pour les détenteurs de passeports diplomatiques et de services et la reconnaissance des passeports communautaires[302].

Au sein de la CEDEAO, de nombreux instruments ont été pris en ce sens depuis les années 1970 comme le protocole du 29 Mai 1979 relatif à la libre circulation des personnes, au droit de résidence et d'établissement. On peut ajouter la directive signée la même année par la conférence des chefs d'Etats pour que des guichets spéciaux soient créés par les Etats membres à chaque point d'entrée officielle pour les formalités d'entrée de leurs nationaux et des citoyens de la communauté[303].

La CEEAC est le cas problématique dans notre ensemble en termes de mise en œuvre du PMI. Le PMI cible en Afrique centrale la circulation des personnes comme action prioritaire, toutefois la décision du 24 Octobre 2009 relative au démantèlement des entraves à la libre circulation des ressortissants de la CEEAC reste très peu effective. C'est le point qui selon la Commission Economique des Nations Unies pour l'Afrique « *rencontre le plus d'obstacles en Afrique Centrale une*

---

300 Matthieu Fau-NOUGARET, *Ibid.*

301 Article 43 du traité de la CEA « *les Etats membres s'engagent à prendre les mesures nécessaires à la réalisation progressive de la libre circulation des personnes et à assurer la jouissance des droits de résidence et d'établissement à leurs ressortissants à l'intérieur de la communauté* ».

302 Guy MVELLE, *Intégration et coopération en Afrique*, *op. cit.* p. 97.

303 *Ibid.*, p. 98.

décennie après l'entrée en vigueur du traité relatif à la CEMAC[304] ».

Même si le PMI limite le nombre des CER sur lesquelles la ZLECAf doit s'appuyer, il apparaît que non seulement de nombreuses difficultés demeurent en terme d'intégration sous-régionales à ce niveau mais aussi et surtout que les régimes applicables selon les CER et les obligations qui incomberaient éventuellement aux Etats parties à la ZLECAf et parties prenantes aux CER restent des défis majeurs qui, jusqu'à l'heure actuelle des négociations, sont des blocus pour une perspective opérationnelle de l'accord. Par ailleurs ces difficultés subsistent d'abord même au sein de ces CER avant d'envisager le cadre continental.

De ce qui précède, il est évident que les régimes juridiques applicables résultant du fait de l'appartenance des Etats africains aux CER, serait fragmenté.

Section 2 : La fragmentation des régimes applicables

A l'instar des autres régionalismes qu'ils soient européens ou américains, le régionalisme africain est avant tout « *un phénomène assez positif qui traduit les solidarités plus étroites*[305]» au niveau continental. A cet effet il apparait parfois comme un laboratoire d'expérience des projets de réforme dans les rapports entre les pays africains en développement et les pays développés, ou dans le cadre de cet accord, entre les pays africains eux-mêmes. L'approche juridique conduit parfois à se demander si finalement c'est le droit international qui s'appliquerait ou inversement le droit communautaire en concurrence avec le premier. Il y a en tout état de cause un grand développement des règles communautaires propres au CER même si l'on reconnait toujours la supériorité du droit international général comme cadre global[306].

---

[304] *Ibid.*, p. 99-100.

[305] Matthieu Fau-Nougaret, *op. cit.*, p. 27

[306] Cf les affaires, d'une part Bosphous c. Irlande du 30 Juin 2005, Berhami c. France et Saramati c. Allemagne, France et Norvège du 2 Mai 2007 et d'autres

Cela engendre *de facto* une fragmentation des régimes au niveau des CER à cause de l'appartenance multiple des Etats en leur sein. Ce constat est à relever dans l'étude de certains CER (**paragraphe 1**), et on se demanderait aussi parfois pour des communautés plus hybrides comme la CENSAD-SAD, il y aurait une concurrence avec l'Union africaine elle-même ou c'est véritablement un CER complémentaire dans l'idée de l'intégration régionale telle qu'elle transparait dans le traité d'Abuja et sa dimension au niveau de la ZLECAf (**paragraphe 2**).

Paragraphe 1 : Etude de cas de certains CER

D'après le Professeur Diez « *d'importantes mesures de coordinations sont indispensables entre les organisations dans la mesure où elles diffèrent considérablement par leur forme, leur structure, leurs fonctions et leur efficacité*[307] ». La ZLECAf, bien qu'elle compte sur les CER prises en considération par le programme minimum d'intégration ne peut pas ignorer le fait que certaines régions sont parfois composées d'organisations sous-régionales plus coordonnées et parfois mieux intégrées que les CER limitées au PMI. Une illustration via le cas des Etats de l'Afrique Centrale (**A**) et de l'Afrique de l'Ouest serait pertinente à ce sujet (**B**).

A. Le cas des Etats de l'Afrique Centrale

D'emblée, il est important de convenir que l'Afrique centrale est inscrite dans une dynamique de multilatéralisme circonscrite au niveau régional. Mais cela a des répercussions sur le multilatéralisme général et surtout continental à l'aune de l'Union Africaine et de l'accord ZLECAf. Comme le reconnaît volontiers Guillaumes David « *le multilatéralisme n'est pas détachable de l'histoire des organisations internationales (OIG), que celles-ci soient fortement institutionnalisées ou plus informelles à l'instar des régimes internationaux (...). Dans tous les cas, l'examen du multilatéralisme se confond avec les OIG,*

---

part Ahmed Ali Yusuf et autres et Yassin Abdullah Kadi du 12 Juillet 2006 et du 3 Septembre 2008. **Cité** par Matthieu Fau-NOUGARET, *op. cit.* p. 27.

[307] Diez de Velasco Vallejo (M.), *op. cit.*, p. 9.

et, inversement, le bilan porté par ces organisations est mis à l'actif ou passif du multilatéralisme [308]». A cette fin « *le multilatéralisme joue un rôle important dans le développement de l'intégration régionale*[309] ».

Cependant, la prolifération des cadres multilatéraux de rencontre et de coopération au niveau de l'Afrique centrale a structuré un enjeu régional complexe et enchevêtré aussi bien des institutions communautaires que des Etats. Cela rend « *inévitable les situations de superpositions, d'interpénétration et donc de choc (...). Il conduit à l'éparpillement des soutiens et engagements institutionnels des Etats*[310] » tant au niveau des normes, qu'au niveau de l'effectivité de la mise en œuvre des politiques communautaires. C'est un peu une situation de juxtaposition dans une logique non inclusive se traduisant par des cohabitations institutionnelles où chacun « *garde sa réalité juridique et sa spécificité* » tout en tentant de maximiser sa valeur et son potentiel d'adhérent[311].

La coexistence en Afrique centrale de la CEEAC et de la CEMAC traduit effectivement le chevauchement institutionnel dans la région d'Afrique Centrale et cela sans compter l'appartenance des Etats de cette région à des CER plus hybrides comme le CEN-SAD[312]. Cet état de d'enchevêtrement dérive du fait qu'il n'y a pas de spécialisation fonctionnelle pour ces institutions, travaillant parfois sur la base d'agendas analogues en termes d'objectifs, indique à suffisance les logiques de

---

[308] **Cité** par Matthieu Fau-NOUGARET, *op. cit.* p. 153.
[309] *Ibid.*
[310] *Ibid.*, p. 161.
[311] *Ibid.*, p. 162. Les Etats membres de la CEEAC par exemple on inscrit dans leur préambule qu'en empruntant de telles dynamiques, ils sont « *convaincus que les ensembles sous-régionaux et régionaux constituent les maillons essentiels d'une Afrique unie, intégrée et solidaire* ». Pour les Etats de la CEMAC, il s'agit de « *promouvoir le développement dans le cadre de deux unions : une union économique et monétaire* » et ce, dans le but de « donner une impulsion nouvelle et décisive au processus d'intégration en Afrique Centrale » (Préambule du traité constitutif de la CEMAC).
[312] Nous parlerons de la concurrence ou de la complémentarité entre la CEN-SAD et l'UA dans le paragraphe 2 de cette section. **Voir** *infra.*, p. 89.

concurrences et de défis mutuels[313]. Cela est inévitable puisque le corpus juridique même de ces institutions ne prévoit pas de mécanisme de coopération interinstitutionnels. C'est au plus des travaux d'échanges ponctuels entre des experts de ces CER.

De manière générale ce phénomène de chevauchement institutionnel et des normes est illustré de façon technique dans l'étude de cas de l'Afrique de l'Ouest (B)[314]. Il fait l'objet d'amples débats au sein des experts et spécialistes des intégrations régionales. Pour d'aucuns, l'inconvénient résiderait dans la mise en œuvre harmonieuse de l'intégration et pour d'autres, ils « *estiment que les chevauchements contribuent au progrès* » car ils permettent des alternatives au processus d'intégration lorsque certains cadres institutionnels sont en proie à des pannes de croissance dans un contexte africain aux économies faibles et fragiles[315]. Pour certains auteurs, comme Bertrand Badie, l'appartenance multiple au sein des organisations d'intégration régionale serait appréhendée sous un indice du succès politique et normatif du multilatéralisme comme « *nouvelle forme d'action internationale*[316] ». Néanmoins le cas des Etats de l'Afrique centrale constitue plus un handicap pour la mise en œuvre du plan de la CEA.

Il est à signaler que la CEEAC a un degré d'intégration et de coopération moins élevé par rapport à la CEMAC alors que le premier est considéré comme pilier du fonctionnement de l'accord selon l'UA. Ensuite, la CEEAC apparait plus comme une organisation de coopération que d'intégration véritable étant donné que la concession de compétences à ses institutions par les Etats reste très marginale pour poursuivre ses objectifs ambitieux d'intégration régionale et être un socle pour l'accord ZLECAf. Enfin, les difficultés financières sont importantes pour la CEEAC dans le cadre du financement de son œuvre d'intégration.

---

313 Matthieu Fau-NOUGARET, *op. cit.* p. 162.
314 Partie (**B**) du présent paragraphe.
315 *Ibid.*, p. 163.
316 Badie et Devin **Cité** par Matthieu, *Ibid.*, cela traduirait aussi une forme de *« croyance aux vertus de la libéralisation à plusieurs, à celles de régulations globales et régionales, la participation à la définition de cadres communs ou à la négociation collective d'un agir ensemble (...) »*.

D'ailleurs pour tenter d'y remédier, les Etats membres ont décidé en 2004 le versement d'une « *contribution communautaire d'intégration* » (CCI) correspondant au versement de 0,4 % des montants d'exportation de leurs biens, mais seulement cinq Etats sur les 11 que compte la communauté ont rempli cette obligation[317].

Ce constat général sur l'état de chevauchement, de difficultés d'intégration en Afrique centrale est aussi partagé en Afrique de l'Ouest, où au niveau normatif et institutionnel, l'application du droit communautaire oscille entre deux régimes.

B. Le cas des Etats de l'Afrique de l'Ouest

Espace régional d'une superficie de 6 140 000 km^2 avec plus de 300.000.000 d'habitants, l'Afrique de l'Ouest compte deux organisations d'intégration régionale. D'une part la CEDEAO et d'autre part l'UEMOA. Dans le cadre institutionnel et normatif[318], ces deux communautés sont régies de façon distincte par leurs actes constitutifs[319] et fonctionnent de manière autonome sans hiérarchie à priori. Même si certains Etats appartenant au grand ensemble CEDEAO[320] sont aussi parties à l'union plus restreinte à la monnaie c'est-à-dire l'UEMOA[321], les régimes apparaissent ainsi distincts au premier abord. Ces deux organisations posent tout de même un problème quant aux effets qui pourraient potentiellement surgir de leurs actes normatifs étant donné que certains Etats sont à cheval entre elles, et sachant aussi que les objectifs relatifs à l'intégration y figurent. L'un

---

317 Alhousseini MOULOUL, *Ibid.*, p. 99.

318 Le régime prévu par le Droit international général est celui qui préside à l'établissement de tels accords, qui sont soumis de façon étendue aux procédures d'élaboration, d'adoption et de ratification. Les traités de bases peuvent également prévoir des accords complémentaires ou connexes relatifs aux institutions rattachées ; accords qui doivent embrassés l'esprit et les objectifs du traité fondateur.

319 Pour la CEDEO nous rappelons le Traité révisé de 1993 et les différents protocoles relatifs aux institutions communautaires. Pour l'UEMOA, nous soulignons le Traité révisé de 2003.

320 La CEDEO est composée de 15 Etats membres.

321 L'UEMOA compte 8 Etats membres.

(UEMOA) n'est pas officiellement dans le PMI pour la mise en œuvre de la ZLECAf contrairement à la CEDEAO.

S'il faut poser la problématique de la hiérarchisation comme Kelsen le soutient, cette approche pourrait s'avérer à priori inadaptée au droit international. En effet tous les accords internationaux quelle que soit leur nature ont une valeur équivalente. Le Professeur Dupuy parle à ce sujet d'un ordre « décentralisé » c'est pourquoi le caractère autonome et indépendant de fonctionnement des deux CER n'est que normal. « *Il convient cependant de relativiser cette affirmation : l'absence de hiérarchie entre deux traités ne les empêche pas d'entretenir entre eux des rapports et par conséquent d'entrer en conflit. C'est particulièrement le cas des traités créant des organisations d'intégration économique dont l'objectif est d'inclure les territoires des Etats membres dans un espace communautaire unique*[322] ».

En l'espèce, des difficultés d'interprétation des différents traités peuvent surgir tant les juridictions communautaires sont aussi distinctes. Pour certains auteurs, dans la mesure où la CEDEAO est antérieure à l'UEMOA, et que cette dernière est appelée à être l'unique organisation d'intégration dans la région, il se poserait un problème « *de validité de l'un des traités, mais uniquement une priorité d'application puisqu'un Etat ne peut appliquer deux normes contradictoires* [323]». Ainsi, normalement les normes produites par la CEDEAO qui, il faut le reconnaître est en retard sur le chemin de l'intégration par rapport à l'UEMOA, devraient s'appliquer en l'état actuel de l'intégration économique, si ces normes ne constituaient pas une difficulté pour l'UEMOA[324]. Néanmoins force est de constater qu'en pratique, si les experts n'arrivent pas à dégager un consensus, ces types de points restent des blocus majeurs dans l'application des normes et deviennent

[322] Togba ZOGBELEMOU, *Droit des Organisations d'intégration économique en Afrique*, *op. cit.* p. 52.
[323] Cf Patrick Daillier, Mathias Forteau et Alain Pellet, **Cité** par Togba ZOGBELEMOU, *op., cit.* p. 53.
[324] *Ibid.,*

en ce sens des difficultés insolubles pour les négociateurs des Etats parties.

Certaines normes de la CEDEAO s'appliquent tout de même aux Etats membres de l'UEMOA sans qu'il n'ait besoin de ces types d'accords préalables ou de procédures. C'est le cas de l'alinéa 1 et 2 de l'article 43 du traité de la CEDEAO qui prend en considération la clause de la nation la plus favorisée et dispose qu'« *en vertu de cette clause, chaque Etat signataire du traité s'engage à faire bénéficier l'autre, dans les matières auxquelles se réfère cette clause, les avantages que chacun d'eux accorderait à l'Etat tiers et qui serait plus grand que ceux contenus dans le traité comportant la clause* ». On pourrait reconnaître dans cette approche l'avantage concédé à priori par le Droit international économique et plus particulièrement l'influence du droit de l'OMC dans le droit communautaire de la CEDEAO.

Une autre thèse qui défend la priorité d'appliquer les normes de la CEDEAO dérive du fait que cette dernière est opposable à l'UEMOA dans ses objectifs en tant que cadre unique et reconnu au niveau de l'Afrique de l'ouest[325]. L'UEMOA étant d'abord basée sur des affinités monétaires, elle ne saurait dès lors constituer un cadre d'intégration régionale opportun dans cette sous-région[326]. Cette analyse peut être endossée car dans le cadre la ZLECAf, l'accord se veut continental et la CEDEAO demeure

---

[325] L'article 2 du traité révisé de 1993 stipule en ce sens que « *par le présent traité, les Hautes parties contractantes réaffirment la création de la communauté économique des Etats de l'Afrique de l'Ouest (CEDEAO) et décident qu'elle sera à terme la seule communauté économique de la région aux fins de l'intégration économique et de la réalisation des objectifs de la communauté économique africaine* ». Pour la CEDEAO, l'UEMOA est une organisation appelée à disparaître. D'ailleurs l'UEMOA dans son préambule va proclamer sa fidélité aux objectifs de la CEDEAO en affirmant que sa démarche s'inscrit dans la logique des efforts d'intégration en cours en Afrique. Elle prendra à cet effet en compte les acquis en cours dans les CER sous-régionales auxquelles ses Etats membres participent même si elle n'endosse pas explicitement l'opposabilité de supériorité dont se prévaut la CEDEAO. **Cf** Article 100 du traité de l'UEMOA.

[326] *Ibid.*, p. 54. Des auteurs comme JEAN YADO écrivent à ce sujet que l'opposabilité de la CEDEAO ne serait pas « induite mais proclamée ».

un cadre valide dans la mesure où il est aussi ouvert aux autres Etats africains, dépassant *de facto* la dimension purement géographique. Des pays comme le Maroc ont à ce titre formulé une demande d'adhésion à la communauté.

Mais par-delà les aspects de fragmentations circonscrits au niveau régional avec les Etats de l'Afrique centrale et de l'Ouest, une problématique majeure demeure également dans les questions de coopérations avec l'institution continentale et les CER. Il s'agit de la question de coordination dans le cadre des actions entreprises par l'UA et ses CER. L'exemple de la CEN-SAD serait à ce titre intéressant à explorer.

Paragraphe 2 : Les difficiles coopérations entre l'UA et les CER : le cas de la CEN-SAD

La création de la CEN-SAD en 1998 s'inscrit dans le cadre de l'élaboration du traité d'Abuja[327]. Cela place *de jure* la CEN-SAD sous le texte d'Abuja en tant qu'objectif supérieur à atteindre par son traité fondateur. Par ailleurs, le préambule de son acte l'exprime très clairement lorsque les Etats membres de la CEN-SAD reconnaissent que leur but est de travailler à la mise en place de la Communauté Economique africaine[328]. Cette position serait selon certain auteurs une position qui met la CEN-SAD sous une « *norme au sommet*[329] », ce qui légitimerait ses actions et constituerait une base juridique de ses objectifs. « *Mais*

---

327 B. BEN YAMED, « Kadhafi, visage de l'Afrique », Jeune Afrique, n° 2509 du 14 février 2009, pp. 3-4.

328 Préambule du traité de la CEN-SAD : « *Reconnaissant que les efforts en vue de la coopération régionale ne doivent ni entraver, ni contrarier d'autres efforts du même genre visant à promouvoir l'intégration économique du continent et un marché commun africain, prélude à une Communauté Economique Africaine ; résolus à concrétiser la volonté d'intégration économique, politique, culturelle et sociale conformément aux dispositions pertinentes de l'Acte constitutif de l'Union Africaine, et du Traité d'Abuja de 1991* ».

329 R. J. DUPUY, « Le droit des relations entre les organisations internationales », RCADI, 1960.
t. 100, p. 568., **Cité** par Aïvo Frédéric-Joël, « La Communauté des États sahélo-sahariens (CEN-SAD), acteur complémentaire ou concurrentiel de l'Union africaine ? », In : Annuaire français de droit international, volume 55, 2009. pp. 485.

dans la pratique, la CEN-SAD remet en cause premièrement, sa génétique sectorielle[330] *par un élargissement contre-nature de son ressort territorial et deuxièmement, sa dynamique complémentaire par l'articulation de projets de coopération parallèles à ceux d'autres organisations*[331] ».

Il y a *de facto* une dynamique qui crée une forme de concurrence avec l'UA comme institution continentale (**A**) même si dans l'esprit de l'organisation, il est évident que l'UA est prioritaire, que son approche doit être complémentaire et subsidiaire à la vision contenue dans le traité d'Abuja et portée par l'UA (**B**).

A. Une dynamique concurrentielle

Il faut noter qu'à la différence des autres organisations d'intégration régionales, l'UA a une vocation continentale et par conséquent l'ensemble des communautés économiques régionales sont censées lui être complémentaires et non concurrentielles. Or il s'est avéré qu'avec la CEN-SAD, cette position de supériorité tend à s'écorcher avec un élargissement croissant de la communauté des états sahélo-sahariens à d'autres Etats africains, créant de fait une OIR hybride qui prendrait progressivement une forme continentale par sa dimension géographique en constant élargissement[332] alors même que,

---

[330] On envisagerait la CEN-SAD comme une organisation subrégionale conçue pour être un instrument sectoriel de coopération entre des États appartenant, non à une seule sous-région, comme c'est le propre des organisations sous-régionales, mais plutôt provenant de plusieurs sous-régions. C'est ce trait qui éloigne la CEN-SAD des organisations tant régionales que sous-régionales et la rapproche des « organisations sectorielles » destinées « à exploiter et à mettre en valeur les bassins fluviaux et les lacs internationaux ». **Voir** Aïvo Frédéric-Joël, *op. cit.*, p. 471.

[331] *Ibid.*, p. 485. Nous citons parmi les différents objectifs qui seraient potentiellement concurrentiels à d'autres CER entre autres la création d'une union économique, la libre circulation des personnes et des biens, des capitaux, la promotion du commerce extérieur et de l'investissement, promotion et amélioration des transports.

[332] « Sous l'égide de M. Kadhafi, l'Union africaine semble être livrée à une « concurrence déloyale ». L'élargissement continu de l'organisation à de nouveaux États qui se recrutent sans aucune limite géographique et en dehors de ses « bornes naturelles » ainsi que la formulation des projets dont la prétention panafricaine est clairement affichée attestent, certes de la

comme l'indique le préambule du traité ainsi que l'exprime la dénomination de l'organisation, l'action de la CEN-SAD vise le développement des pays du Sahel et du Sahara.

L'espace communautaire ainsi dessiné par le traité, fait de la CEN-SAD non pas une organisation typiquement régionale encore moins sous-régionale, mais bien une organisation subrégionale. A cet effet la CEN-SAD ne devrait s'ouvrir juridiquement qu'à des Etats qui exercent une portion de souveraineté dans la zone géographique déterminée[333]. Il y a donc normalement douze Etats appartenant à la géographie du sahel, qui devraient faire partie de la CEN-SAD ; cependant il n'empêche que l'organisation admet d'autres Etats en raison de la pluralité des sous-régions entrant dans cette configuration sahélo-saharien. « *Il s'agit de ce fait d'une organisation juridiquement exclusiviste, à l'instar de l'Union européenne qui ne saurait s'ouvrir, sans éprouver ses repères, aux pays non ou peu européens ou encore de l'OPEP dont l'adhésion n'est possible qu'à la condition d'être un pays producteur et exportateur de pétrole*[334] ».

Il ressort néanmoins qu'appartiennent aujourd'hui à cette organisation, plusieurs pays qui ne sont ni du Sahel, ni du Sahara et qui sont, de surcroît pour certains, insulaires[335]. Elle est en effet

---

complémentarité organique de la CEN-SAD, mais surtout de ses velléités concurrentielles à l'égard de l'Union africaine ». **Voir** Aïvo Frédéric-Joël, *op. cit.,* p. 473.

[333] On y inclut principalement la Mauritanie, la Libye, le Sénégal, le Mali, le Burkina Faso, le Niger, le Tchad, le Soudan, le Maroc, l'Algérie, la Tunisie et l'Egypte. Et par déduction, on en exclut, au titre des pays membres, le Bénin, le Cap Vert, les Comores, la Côte d'Ivoire, Djibouti, l'Érythrée, la Gambie, le Ghana, la Guinée, la Guinée Bissau, le Kenya, le Libéria, le Nigeria, la République centrafricaine, la Sierra Leone, le Togo, la Somalie.

[334] **Voir** Aïvo Frédéric-Joël, *op. cit.,* p. 487.

[335] Parmi les différentes thèses relatives à cet élargissement, on évoque par exemple rapport au positionnement diplomatique prééminent de la Libye en Afrique. C'est cette posture quasi-messianique du président Kadhafi qui permet d'expliquer le choix de la Libye d'affirmer son leadership en Afrique et dans le monde au moyen d'une organisation aussi ouverte, aussi large et aussi représentative du continent que l'Union africaine. C'est la thèse de l'élargissement concurrentiel d'un espace communautaire en principe

composée aujourd'hui de 29 Etats membres sur les 55 que comptent le continent africain et donc l'UA. Ces failles vont transparaître dans le chevauchement des objectifs d'intégration et de coopération entre la communauté et l'UA[336].

On sait pertinemment qu'en dépit du fait que l'UA ne soit pas une organisation supranationale de fédération d'Etats avec des compétences très précises dans le domaine du développement économique, elle n'en demeure pas moins le cadre largement consenti sur le continent pour élaborer des stratégies dans ce sens. On dirait même que la conclusion de la ZLECAf s'inscrit avant tout dans les objectifs définis pour la communauté économique africaine, mais il faut relever que la ZLECAf se fonde pour une grande partie sur les objectifs et droits des Etats africains contenus dans l'Acte constitutif de l'UA comme l'article 3 par exemple ou encore les principes directeurs de l'Agenda 2063.

La CEN-SAD est ainsi un CER censé se limiter à l'exécution des objectifs pouvant conduire vers cette finalité commune de l'UA

---

exclusiviste et fermé, mais qui par détournement d'objectif s'est progressivement dévoyé. La seconde hypothèse, qui paraît tout autant plausible que la première, tente de justifier l'attractivité de la CEN-SAD par le seul dessein des États qui y adhèrent de bénéficier de la manne fi nancière de la Libye. Aux yeux de plusieurs États africains, la CEN-SAD est devenue plus « intéressante » que nombre d'organisations sous-régionales en Afrique. La CEN-SAD est l'une des organisations sous- régionales auxquelles la participation est supposée plus rentable, d'autant qu'avant elle aucune autre organisation sous-régionale africaine ne s'est agrandie aussi vite et n'a suscité autant d'empressement chez les États. **Voir** *Ibid.*, p. 488.

[336] « *Au plan continental, on citera à titre d'illustration, la « grande muraille verte » qui est le projet phare de la CEN-SAD, initié par Olusegun Obasanjo et adopté au sommet de la CEN-SAD de Ouagadougou en juin 2005. Mais ce même projet a été adopté par l'Union africaine en juillet 2005 à Syrte. Et l'UA 145 et la CEN-SAD 146 ont ainsi concomitamment entrepris des études préliminaires et engagé leurs ressources sur l'opérationnalisation du même projet avant de sentir la nécessité d'harmoniser leur position respective (...) À cela, il faut ajouter que les États membres de la CEN-SAD appartiennent à d'autres organisations sousrégionales ayant professé la même foi, proclamé les mêmes objectifs et articulé les mêmes projets. Ainsi, les engagements souscrits par les mêmes États dans le cadre de la CEN-SAD ne diffèrent pas dans le fond, de ceux antérieurement pris à la CEEAC ou à la CEDEAO par exemple.* ». **Voir** *Ibid.*, p. 489 - 490.

et non s'élargir pour prétendre à une stature continentale[337]. Tout cela fait ressortir la nécessité d'une plus grande coordination entre l'UA et les CER en vue de la mise en œuvre de la ZLECAf. Une approche complémentaire apparaît à cet effet déterminant.

B. Une approche complémentaire

Les contradictions relevées dérivent essentiellement d'abord du flou juridique existant dans l'endossement véritable des engagements des Etats africains à l'égard des objectifs de la ZLECAf. Ce flou s'explique par le fait que dans sa nature même, l'UA reste largement une organisation de consultation et de recherche du compromis dans le strict respect de la volonté de ses initiateurs, position largement corroborée par le droit international général[338].

Par conséquent, en dépit du fait que les objectifs assignés par l'Union aux CER dérivés d'Abuja soient relativement précis, le cadre conceptuel qui entoure cette relation est parfois taxé de « paradoxal[339] ». En effet d'après la lettre et l'esprit du traité d'Abuja, les CER sont censés disparaître pour laisser place à la Communauté Economique Africaine. Cependant l'indépendance et l'autonomie dont jouissent les CER dans l'accomplissement de leurs agendas et visions sectorielles ont parfois conduit à la situation concurrentielle décriée dans le cas d'espèce entre l'UA et la CEN-SAD, situation qui reflète un problème plus général avec les autres CER également.

---

337 Beaucoup d'observateurs ont vu dans cette manœuvre une instrumentalisation de l'organisation par la Libye du Colonel Kadafi à l'époque, qui voulait parfois faire triompher ses idées dans cette dernière.

338 « *Le droit international régit les rapports entre des États indépendants. Les règles de droit liant les États procèdent donc de la volonté de ceux-ci, volonté manifestée dans des conventions ou dans des usages acceptés généralement comme consacrant des principes de droit et établis en vue de régler la coexistence de ces communautés indépendantes ou en vue de la poursuite de buts communs. Les limitations de l'indépendance des États ne se présument donc pas* ». **Voir** CPJI, *affaire du Lotus*, Arrêt du 7 Septembre 1927, Série A, n°10, p. 18.

339 A. YUSUF et FATHSA O., *L'Union africaine : Cadre juridique et institutionnel, op. cit.*, p. 210.

Conscient de ce défi qui handicaperait éventuellement l'opérationnalisation non seulement de ses activités de manière générale mais plus particulièrement de la ZLECAf, l'UA tentait déjà depuis quelques années de rationaliser son approche sans pour autant s'engager dans un processus d'établissement de mécanismes nouveaux à l'aune d'accords internationalement conclus. Le cadre juridique continental paraît largement inexploité et notamment le droit du traité d'Abuja qui met à la charge de l'Union l'obligation d'harmoniser les CER et leur pratique, de les coordonner pour l'accomplissement de la vision principale.

Le PMI s'inscrit dans ce sens et son approche étant de rationaliser les CER pour les recadrer dans le sens de la complémentarité avec le processus d'intégration coordonnée par l'UA. Mais au-delà du droit, ce sont avant tout des questions d'intérêts politiques et économiques qui animent les Etats et conditionnent leurs engagements ou désintérêts. D'ailleurs même pour la CEN-SAD, on a estimé que la manne financière que la Libye faisait prévaloir au sein de l'OIR[340] a été une des raisons fondamentales sous-tendant la ruée d'un certain nombre d'Etats africains en son sein.

Néanmoins, dans une perspective continentale, « *le traité d'Abuja a comblé un vide en offrant les éléments juridiques de la collaboration des organisations interétatiques africaines et de*

---

[340] « *Aux yeux de plusieurs États africains, la CEN-SAD est devenue plus « intéressante » que nombre d'organisations sous-régionales en Afrique. La CEN-SAD est l'une des organisations sous- régionales auxquelles la participation est supposée plus rentable, d'autant qu'avant elle aucune autre organisation sous-régionale africaine ne s'est agrandie aussi vite et n'a suscité autant d'empressement chez les États. Il semble dès lors évident de soutenir que les États sont plus attentifs à la générosité légendaire du guide libyen et adhèrent à la CEN-SAD plus pour bénéficier des pétro-dinars libyens que pour s'y investir en vue de la réalisation des objectifs de la communauté. En retour, la Libye se sert de l'organisation d'abord comme le cadre propice d'exercice d'une fonction tribunicienne lui permettant, un peu comme le porte-voix des peuples africains, de dénoncer un système, de critiquer voire de sonner la charge contre l'UA* ». **Voir** Aïvo Frédéric-Joël, *op. cit.*, p. 488-489.

l'harmonisation de leurs actions respectives [341]». En outre, dans le cas d'espèce, le préambule[342] du traité de la CEN-SAD semble mettre en avant de façon plus claire et non équivoque la supériorité des buts du traité d'Abuja même si dans sa pratique, la concurrence transparait. D'après les textes qui fondent donc sa base juridique, la CEN-SAD est a priori complémentaire à l'UA.

De l'avis de certains, « *pour mieux coordonner les organisations sous-régionales et éviter que leurs actions, au lieu d'être complémentaires, ne soient que parallèles et concurrentielles, il devient nécessaire de prolonger le traité d'Abuja et la décision de l'UA de 1999 par une table de règles novatrices, mais respectueuses des principes qui bornent la marge de manœuvre de cette catégorie de sujet de droit international*[343] ». Pour l'heure, ce sont des initiatives de coopération ponctuelle entre experts qui se font entre l'UA et les CER. Cette même pratique semble devenir le *modus operandi* de la ZLECAf qui, à travers son secrétariat, essaie depuis le début de cette année 2021 de consulter certains CER comme le COMESA dans l'optique d'envisager les mécanismes d'intégration dans la ZLECAf.

---

[341] « *C'est avec ce traité que les organisations sous-régionales deviennent à la fois une condition et une exigence de la stratégie d'intégration du continent. L'idée « d'étapes » fut même très tôt évoquée pour mieux traduire le rôle des organisations sous-régionales dans le projet continental. Et en inscrivant dans le marbre du droit conventionnel ce procédé d'intégration par cercles concentriques 163 si cher au président Senghor, les États africains ont assurément innové d'autant que le droit international classique n'offre pas de base pour surmonter, dans une même région, les difficultés relationnelles entre organisations interétatiques. L'option de régulation qui découle du traité d'Abuja, renforcée par l'Union africaine en 1999 165 est donc bien celle de « l'intégration économique par étapes » ou plus précisément du « fédéralisme par agrégation » qui entraîne en théorie selon Georges Scelle, plus que la subordination des communautés sous-régionales, la spécialisation et à terme le compartimentage de leurs actions* ». **Voir** *Ibid.*, p. 492.

[342] « *A concrétiser la volonté d'intégration économique, politique, culturelle et sociale conformément aux dispositions pertinentes de la charte des Nations Unies, celle de l'Organisation de l'Unité Africaine, de l'Organisation de la Conférence Islamique, du traité d'Abuja de 1991 et des organisations sous-régionales dont sont membres les États de la CEN-SAD* ». Préambule du traité de la CEN-SAD de 1998.

[343] **Voir** Aïvo Frédéric-Joël, *op. cit.*, p. 493.

Il convient de signaler tout de même que la question de l'opérationnalisation de l'accord de manière pratique demeure toujours problématique eu égard aux nombreux défis susmentionnés.

Chapitre 2 : Une opérationnalisation problématique de l'accord

Dans une tribune de politique économique datant du 07 Janvier 2021, le journal ''Jeune Afrique'' intitulait son article « *Zlecaf : les pays africains ne sont pas prêts*[344]», traduisant l'inquiétude du nouveau secrétaire général de la zone qui estimait effectivement que la plupart des pays africains ne sont pas prêts à appliquer les termes de la Zone de libre-échange continentale africaine. Cette problématique de l'opérationnalisation pratique de l'accord apparaît plus que nécessaire dans la mesure où il ne faudrait pas que l'accord ZLECAf soit classé parmi les engagements africains les plus improductifs comme l'on en fait l'inventaire parfois sous l'égide de l'Union africaine dans certains domaines[345].

L'accord suscite beaucoup d'engouements et d'espoirs pour le peuple africain en étant l'objectif le plus plébiscité de l'Agenda 2063, « *l'Afrique que nous voulons* » dans la dynamique de la prospérité et du développement en vue de réduire la pauvreté et donner un bouffer d'oxygène à ses milliards d'habitants[346]. Le

[344] JeuneAfrique, politique économique, « Zlecaf : les pays africains ne sont pas prêts », 07 janvier 2021 à 10h31 | Par David Pilling. Disponible en ligne sur : https://www.jeuneafrique.com/1099588/economie/zlecaf-les-pays-africains-ne-sont-pas-prets/

[345] Le domaine des droits de l'homme par exemple, beaucoup d'engagements sont souvent sapés par des considérations politiques au sein des pays africains. D'ailleurs nous ferons une analyse sur les liens pouvant exister entre la ZLECAf et la question des droits de l'homme dans la section 2 de ce chapitre **voir** *infra.*, p. 105.

[346] *Une solution pour relancer les économies africaines réside dans la mise en œuvre de la Zone de libre-échange continentale africaine (Zleca). Plusieurs études ont montré que celle-ci pourrait accroître le revenu régional de 7 %, soit 450 milliards de dollars de plus, et sortir 30 millions de personnes de l'extrême pauvreté d'ici 2035. on champ d'action est très large. L'accord commercial vise à stimuler le commerce intra-africain des marchandises par l'élimination progressive des tarifs douaniers et des barrières non-tarifaires et le développement et la promotion des chaînes de valeurs aux niveaux régional et continental. Dans les cinq ans suivant sa mise en œuvre, elle vise à supprimer plus de 90 % des droits de douane sur les biens échangés entre les États membres et, dans les dix ans, au moins 97 % des droits de douane doivent être supprimés. La Zleca représente une opportunité historique qui fera baser le*

Secrétaire de la ZLECAf s'exprimant dans ce sens dit aussi que « *nous voulons cesser de considérer les droits de douane comme un outil de revenu. Nous voulons que les droits de douane soient un outil de développement industriel*[347] ».

Cependant, mettre en œuvre de façon pratique une zone de libre-échange implique de prendre en considération dans le cadre des négociations un certain nombre de questions d'ordre technique et juridique prioritaires (**section 1**) tout en n'écartant pas le volet relatif aux droits l'homme. Ce, bien que n'étant pas inscrit dans les dossiers soumis à la négociation parait important dans le cadre d'une réflexion et d'une approche plus humaniste de l'accord dans un contexte africain qui, on le sait, a du mal à s'accommoder de ses obligations internationales et régionales en la matière. Il s'agira de prospecter sur l'impact et le lien éventuel entre les droits de l'homme en Afrique et la ZLECAf (**section 2**).

Section 1 : Les questions prioritaires pour l'accord dans le cadre d'une opérationnalisation effective

Monsieur Mene, Secrétaire de la zone a estimé qu'il faudrait peut-être des années pour mettre les lois des pays en conformité avec les nouvelles exigences de l'accord. Il a donné l'exemple de l'Éthiopie qui a interdit les investissements étrangers dans son secteur financier, ce qui constitue une violation potentielle des règles de la ZLECAf. C'est pourquoi envisager les mécanismes pratiques dans ce cadre serait trop hasardeux pour le présent mémoire. L'analyse sera limitée alors à démontrer de façon générale les questions juridiques prioritaires qui incomberaient

---

commerce intra-continental sur le libre-échange, un modèle qui a fait ses preuves dans d'autres régions du monde en améliorant le bien-être de millions de personnes. Elle stimulera, dans une grande proportion, les politiques d'industrialisation des économies africaines. **Voir** à ce sujet Jeune Afrique [Tribune] « La mise en œuvre de la Zleca est la vraie réponse à la crise », 06 août 2020 à 10h51 |Par Sophonie Koboude. Lien https://www.jeuneafrique.com/1024061/economie/tribune-la-mise-en-oeuvre-de-la-zleca-est-la-vraie-reponse-a-la-crise/.

347 Jeune Afrique, politique économique, « Zlecaf : les pays africains ne sont pas prêts », 07 janvier 2021 à 10h31, *op. cit.*

aux négociateurs dans le démarrage de l'accord (**paragraphe 1**) avant de voir les problématiques plus pratiques (**paragraphe 2**).

Paragraphe 1 : Les domaines juridiques de négociations incombant à toutes les parties à l'accord

En réalité, l'étendue des questions prioritaires en cours de négociation dans le cadre de l'accord est assez large[348], mais il convient de donner une idée générale sur l'importance des règles d'origine dans le cadre de l'accord (**A**) et aussi souligner la fondamentalité du sujet relatif à la libre circulation des personnes, sujet qui est à l'heure actuelle exclu des négociations mais qui semble important dans le cadre de la mise en œuvre de cette zone (**B**).

A. L'importance des règles d'origine dans l'attribution de la préférence tarifaire

Préfaçant un document sur la pratique communautaire en la matière, Georges VANDERSANDEN disait que « *parmi l'ensemble des règles qui gouvernent le fonctionnement de l'union douanière, celle de l'origine des marchandises est sans nul doute, tant dans son aspect interne (relations entre les parties contractantes) qu'externe (relations avec des Etats tiers) la plus*

[348] Après la 33e session de l'Assemblée de l'Union Africaine, 11 questions essentielles ont été envisagées dans le cadre des négociations en cours. Finalisation des négociations en cours sur les règles d'origine ; Préparation et soumission de la liste des concessions tarifaires pour le commerce des marchandises ; Préparation et présentation de listes d'engagements spécifiques pour le commerce des services ; Préparation de cadres réglementaires pour les secteurs des services (tous) ; Incorporation dans les lois nationales de l'accord sur la ZLECAf, y compris la publication des listes de concessions tarifaires et des engagements spécifiques ; Production et diffusion de documents commerciaux ; Désignation des points focaux nationaux de la ZLECAf auprès des institutions de mise en œuvre de la ZLECAf ; Création de comités nationaux de mise en œuvre de l'accord, et développement de stratégies nationales et d'institutions connexes ; Mise en place de systèmes et de procédures de gestion des douane, de mesures d'alignement politique et législatif, et de mesures complémentaires et de facilitation ; Entreprendre des activités de vulgarisation de la ZLECAf et de renforcement des capacités ; Coordination de la mise en œuvre et du suivi de la ZLECAf.

importante[349] ». Ces règles suscitent depuis toujours dans le commerce international un intérêt particulier par leur importance dans l'attribution des préférences[350].

Par définition, on entend par règles d'origine l'ensemble des règles spécifiques attribuant une origine nationale à un produit afin de mettre en œuvre les règlementations commerciales. Ainsi l'origine peut désigner un pays de façon individuelle ou encore un groupe de pays dans le cadre d'une union douanière ou d'une zone de libre-échange[351]. Si le GATT[352] se désintéressait quelques peu de la question, elle a constitué une question fondamentale dans la conclusion d'un certain nombre d'accords en matière commerciale comme la zone de libre-échange de

---

[349] FranKlin DEHOUSSE, Philippe VINCENT, *Les Règles d'origine de la communauté Européenne*, Bruylant Bruxelles, 1999, p. 1 (préface).

[350] « *Origin rules were first introduced in international trade to enable national customs offices to determine the country of origin of goods imported into their territory, so that tariffs could be applied correctly and statistical data could be collected. In theory, if every country were to apply Most Favoured Nation (MFN) treatment to imported products, the origin of these products would clearly not matter. In practice, countries have always used origin rules to distinguish foreign products from domestic products, among other reasons, when they do not wish to apply national treatment to imported goods. Moreover, origin determination is becoming more important due to the proliferation and overlapping of regional trade agreements and unilateral preferential arrangements, which extend further than the MFN treatment of products 'originating' in partner or selected countries* ». **See** The Document Training Module on rule of origin, published under the auspices of TradeMark Southern Africa, p. 4.

[351] FranKlin DEHOUSSE, Philippe VINCENT, *op. cit.* p. 3.

[352] L'article I du GATT resserve déjà le bénéfice du principe de traitement de la nation la plus favorisée aux produits « *originaires des parties contractantes à l'accord* ». Cependant le GATT de 1947 ne comportait pas de disposition spécifique relative aux règles origines. Pour les négociateurs, cela devait relever de la compétence exclusive des Etats. Ainsi en 1952 par exemple, la Chambre du Commerce Internationale française recommanda aux parties contractantes du GATT d'adopter des règles uniformes afin de définir la nationalité des marchandises importées. Les parties contractantes furent invitées à soumettre des propositions en ce sens. Le groupe de travail institué en ce sens devait examiner le « *critère de transformation substantielle* » comme élément fondamental servant à déterminer l'origine des produits. Mais chaque partie contractante restait libre de déterminer ce qu'il entendait par ce critère de transformation substantielle. **Voir** *Ibid.*, p. 10.

l'Amérique du Nord entre le Canada, les Etats-Unis et le Mexique[353]. C'est là une question prioritaire pour la ZLECAf dans la mesure où l'internationalisation des échanges avec la production de masse dans une économie mondialisée rend délicat la détermination l'origine des produits.

Or, justement dans le cadre des zones de libre-échanges telles qu'autorisées par l'article XXIV du GATT-OMC, l'objectif est de s'accorder mutuellement des préférences tarifaires. Cela est d'autant plus nécessaire pour les pays africains largement marginalisés dans le commerce international, mais étant des réceptacles de toutes les fabrications qu'elles soient d'origine européenne, japonaise ou chinoise. D'ailleurs des pays comme le Nigéria hésitait à ratifier l'accord au début par inquiétude sur le sujet de l'origine attribuable à un produit. On sait pertinemment que le phénomène d'externalisation des productions rend difficile la détermination de l'endroit où le produit est fabriqué et là où il serait potentiellement assemblé. Il ne faut donc pas confondre l'origine de la marchandise avec sa provenance. Le but de la ZLECAf, est de permettre aux produits africains de pouvoir bénéficier d'une libéralisation graduelle et progressive de leurs échanges jusqu'à 90%.

L'origine de la marchandise constitue donc à ce niveau un élément fondamental d'une intégration économique, encore plus s'agissant de l'accord sur la ZLECAf. Pour mieux comprendre cet intérêt, il faut noter déjà que l'existence des tarifs douaniers s'expliquent au moins pour trois raisons : les Etats les instaurent parfois pour décourager l'importation des produits originaires des pays tiers, c'est *de facto* une décision protectionniste ou une simple discrimination ; les Etats participent aussi à des intégrations économiques régionales comme le cas de la ZLECAf. Enfin il arrive que les Etats établissent des mesures de discrimination positive, c'est parfois ce que font les pays

[353] *Ibid.*, p. 2. Au niveau européen, nous pouvons mentionner le fait que cette question a suscité des différends communautaires comme ce fut le cas avec les « *usines-tournevis* » ou l'intégration des voitures produites par des usines japonaises situées au Royaume Uni dans les quotas d'exportation automobiles du Japon.

développés avec les pays en développement[354] dans le cadre des accords de coopération.

Pour la CNUCED, la manière dont ces règles seront conçues, appliquées et vérifiées conditionnera grandement l'ampleur et la répartition des avantages économiques qui découleront de la Zone de libre-échange continentale africaine et façonnera les chaînes de valeur régionales appelées à se constituer sur le continent. La tolérance, la souplesse, la facilité d'utilisation et de compréhension et l'accessibilité des règles d'origine détermineront les avantages nets que le secteur privé africain retirera de la Zone de libre-échange continentale africaine[355]. La libre circulation ne devrait concerner que les produits originaires des Etats africains ayant ratifié l'accord et ses protocoles, et surtout des Etats ayant proposé des listes de concessions tarifaires adoptées dans le cadre de l'accord pour les mettre en œuvre sur la zone.

L'annexe 2 de l'Accord ZLECAf établit dans son article 4 les critères de l'origine du produit africain notamment son « obtention » dans un Etat membre et sa transformation « substantielle » dans ledit Etat[356]. L'article 5 le complète en listant les produits originairement africains[357] qui seraient obtenus ou transformés fondant les critères de l'article 4 susmentionné. Suite à un accord obtenu au début de cette année, Ebrahim Patel, président des ministres du commerce de l'Union

---

[354] *Ibid.*, p. 4.

[355] **Voir** le Rapport sur le développement économique en Afrique 2019 : Made in Africa – les règles d'origine, un tremplin pour le commerce intra-africain de la CNUCED (Publication des Nations Unies, Numéro de vente n° F.19.II.D.7, New York et Genève).

[356] Annexe 2 de l'Accord ZLECAf, Article 4 « *Un produit est considéré comme originaire d'un État Partie si : a) il a été entièrement obtenu dans ledit État Partie au sens de l'article 5 de la présente annexe; ou b) il a subi une transformation substantielle dans ledit État Partie au sens de l'article 6 de la présente Annexe* ».

[357] *Ibid.*, Article 5 « *les produits minéraux et autres ressources naturelles non vivantes, extraits du sol ou du fond marin sur le territoire d'un État Partie conformément aux dispositions de l'UNCLOS ; b. les plantes et les produits végétaux comme les plantes aquatiques, les légumes et les fruits qui y sont cultivés ou récoltés ; c. les animaux vivants qui y sont nés et élevés ; (...)* ».

africaine (UA), a annoncé lors d'un point presse que les règles adoptées pourraient couvrir 87,7 % des marchandises figurant sur les lignes tarifaires des États membres de l'UA[358]. Néanmoins une commercialisation importante sous ce nouveau régime reste toujours délicate.

A cela va s'ajouter la problématique de la libre circulation des personnes, puisque le vœu relatif à une intégration africaine selon l'Agenda 2063 et l'accord est aussi d'arriver à faire circuler les personnes à travers le continent. Cette question est abordée à titre de réflexion générale sur les aspects d'intégration de l'accord car à l'heure actuelle le protocole relatif à ce point n'est pas encore en négociation. Il s'agira de ce fait d'une analyse qui va au-delà de la limitation aux aspects en cours pour l'opérationnalisation, pour souligner l'importance de la question et son impact sur l'accord en espérant une prise en considération plus approfondie par les Etats du sujet après les négociations sur cette première phase.

B. La question de la libre circulation des personnes

Comme les hommes sont au centre du commerce, la mobilité des personnes à travers l'Afrique, et, sur une plus grande échelle, la libre circulation des facteurs de production reste un problème critique. La libre circulation des personnes, le droit de résidence et d'établissement[359] constituent l'un des principes de base posé

[358] **Voir** Article de Presse *Le Point Afrique*, « Zone de libre-échange africaine : le casse-tête des ''règles d'origine'' », Publié le 31/01/2022 à 14h00. Disponible en ligne : Zone de libre-échange africaine : le casse-tête des « règles d'origine » - Le Point.

[359] De manière générale, la liberté de circulation des personnes constitue dans le contexte actuel de globalisation des échanges un instrument essentiel par lequel se matérialisent les politiques d'intégration régionale à travers le monde et dont le modèle le mieux achevé à ce jour est celui de l'Union européenne. La notion de liberté telle que défi nie par l'article 4 de la Déclaration française des droits de l'Homme (de 1789) semble donner une grande importance à l'aspect individuel de ce concept (liberté d'aller et de venir) que garantissent aussi bien le droit des États modernes que les conventions internationales relatives aux droits et libertés individuelles. **Voir** Simon-Pierre ZOGO NKADA, « La libre circulation des personnes : réflexions sur l'expérience de la c.e.m.a.c. et de la c.e.d.e.a.o. », De Boeck Supérieur | « Revue internationale de droit économique » 2011/1 t.XXV | p. 113.

par les dirigeants africains, tel que stipulé dans le chapitre VI du Traité d'Abuja. Dans l'accord ZLECAf, l'article 3 (c) fixe l'objectif relatif à la circulation des personnes. Selon son énoncé, l'accord devrait « *contribuer à la circulation des capitaux et des personnes physiques et faciliter les investissements en s'appuyant sur les initiatives et les développements dans les États parties et les CER*[360] ».

Bien que le protocole relatif à la question ne soit pas encore à l'ordre des négociations, cette problématique fait partie des domaines clés de l'intégration régionale africaine[361] prise en compte dans le point 24 de la « 2e aspiration » de l'Agenda 2063[362]. Pour les économistes, notamment Jacques Felkmans, l'intégration consiste en la suppression des obstacles à la libre circulation des facteurs de production. Ce critère de la suppression des obstacles à la libre circulation est également valorisé par les néo-fonctionnalistes. Pour eux, il s'agit du critère décisif de l'intégration[363].

---

[360] Article 3 (c) de l'Accord ZLECAf.

[361] Document Assembly/AU/2(XVIII), Recommandation n°85 de la conférence des Etats de l'UA en 2012, p. 26 : a.) dans le but de favoriser le commerce intra africain, l'investissement et la coopération, l'élimination des entraves à la libre circulation des personnes, de la main d'œuvre et des capitaux est importante. Les pays africains doivent éliminer les restrictions au voyage et au droit d'établissement ; b.) l'objectif à moyen terme est d'adopter une citoyenneté commune sous régionale, et notamment des passeports sous régionaux (comme dans le cas de la CEDEAO), comme premier pas vers la citoyenneté africaine et le passeport africain ; c.) les Etats membres des CER qui n'ont pas encore appliqué les dispositions relatives à la libre circulation des personnes doivent corriger la situation, en s'engageant à les appliquer dans un délai spécifié ; d.) les Etats membres sont particulièrement encouragés à abolir les exigences de visas pour les africains voyageant à travers le continent.

[362] « *L'Afrique sera un continent dans lequel la libre circulation des personnes, des capitaux, des biens et des services entraineront la croissance des échanges et des investissements entre les pays africains à des niveaux sans précédent et consolideront la place de l'Afrique dans le commerce mondial* ». **Voir** Agenda 2063 « l'Afrique Que Nous Voulons », Commission de l'Union Africaine, Edition Finale d'Avril 2015.

[363] « *Dans la théorie de l'intégration construite par l'économiste hongrois Béla Balassa (1961) dans son ouvrage intitulé The theory of economic integration, la libre circulation surgit comme l'une des caractéristiques du marché commun. Et parmi les six conditions posées par Deutsch (1953) et Deutsch et*

L'accord adoptera l'approche de la libre circulation des personnes en synchronisant de façon progressive en fonction du degré d'intégration de chaque CER participant à la zone, une ouverture progressive par zone. Cette position reste une supposition puisqu'à la lecture de l'article 3 de l'accord, il peut être déduit le fait qu'en prenant appui sur les CER, la libre circulation des personnes sera aussi facilitée dans ce même élan en fonction de l'intégration des CER à l'accord et des négociations quant à la mise en place du protocole sur le sujet. Les négociations sur le sujet sont pour l'heure exclues, néanmoins, des discussions sur une possibilité restreinte concernant le mouvement des hommes d'affaires est en cours de discussion.

Sur le continent, il est possible de reprendre quelques CER dont la CEDEAO et la CAE qui ont réalisé des progrès considérables. La CEDEAO a introduit le passeport communautaire qui constitue un pas de géant vers l'élimination des barrières à la circulation transfrontière des citoyens, et certainement dans la promotion de l'identité commune parmi les citoyens de ladite communauté. Les ressortissants de la CEDEAO traversent les frontières sans visas et le droit d'établissement est en train de prendre progressivement racine. La CAE a également introduit un passeport commun valable dans tous les pays de la communauté pour faciliter la libre circulation des ressortissants de ses Etats membres. Dans les autres CER, la libre circulation est relativement plus restreinte, et elle se fait plus sur le plan bilatéral que multilatéral[364].

---

al., (1957) pour la réussite d'un processus d'intégration, figure en bonne place le sentiment communautaire de type psychologique (identification des populations concernées au processus d'intégration). Or, ce sentiment communautaire résulte davantage de l'effectivité de la libre circulation des personnes ». **Voir** James Mouangue Kobila, « Bilan de la libre circulation des personnes en Afrique », Revue Interventions économiques [En ligne], Hors-série. Transformations | 2017, mis en ligne le 01 mars 2017, consulté le 02 mai 2021. URL : http://journals.openedition.org/interventionseconomiques/5815 ; DOI : https://doi.org/10.4000/interventionseconomiques.5815, p. 65.

[364] Document Assembly/AU/2(XVIII), p. 25.

« *Si la construction des espaces de libre-échange dans les régions de l'Afrique centrale (CEMAC) et de l'Afrique de l'Ouest (CEDEAO) peut (par exemple) présenter des similitudes au plan des synergies qui accompagnent ce processus à l'intérieur des États concernés notamment à travers le volontarisme affiché des acteurs institutionnels, et la mise en place d'un cadre juridique adapté à l'atteinte de l'objectif de libre circulation des personnes, cette dynamique observée depuis plusieurs décennies dans l'une et l'autre région de l'Afrique n'obéit pas à la même approche pratique, car la mise en œuvre du processus d'intégration économique régionale au moyen de la liberté d'établissement et du droit de résidence est soumise à de nombreuses contraintes d'ordre politique et structurel de manière plus accentuée dans la CEMAC en raison du penchant souverainiste des États membres*[365] ».

Cette mobilité des personnes libère néanmoins souvent des passions fortes et des critiques contre la politique des gouvernements sur les visas, les lois relatives à l'immigration et à la nationalité. Les attentes sont impatientes de voir démantelées les restrictions sur la liberté de mouvement. Pourtant la libre circulation reste l'une des questions les plus épineuses parmi les pays africains à cause d'un certain nombre de raisons. La présence massive des travailleurs étrangers conduit souvent à des tensions avec les nationaux, particulièrement quand le chômage devient important, en plus des préoccupations relatives notamment à la sécurité[366].

La libre circulation des personnes et même l'opérationnalisation globale de la ZLECAf restent conditionnées par la réussite d'autres domaines clés de l'intégration comme les infrastructures routières et ferroviaires ou encore industrielles. C'est ce qui conduit à explorer les questions pratiques.

---

[365] Simon-Pierre ZOGO NKADA, *op., cit.*, p. 133.
[366] *Ibid.*, p. 26.

Paragraphe 2 : Les domaines pratiques à considérer pour une meilleure mise en œuvre de l'accord

Libéraliser le commerce à travers la ZLECAf n'implique pas simplement d'avoir signé un accord en bonne et due forme ratifié par les Etats membres. Commercer et échanger sur le continent va nécessiter des actions plus concrètes au niveau pratiques quand on sait que dans presque tout le continent, les voies de communications sont précaires (**A**) avec une faible industrialisation pouvant permettre une transformation locale des produits à vendre (**B**).

A. Des voies de communications précaires

« *La réussite de la zone de libre-échange continentale africaine dépendra de ce que les dirigeants africains vont faire. Il faut un nouveau modèle de développement en Afrique. Les barrières tarifaires ne sont pas le seul problème. Il faut des infrastructures, de la connectivité*[367] ». La problématique relative au rôle productif des infrastructures dans le développement a été très tôt soulevée par les économistes tels que Hirschman en 1958 ou Rosenstein-Rodan en 1943. Toutefois, elle a connu une extension importante avec les théoriciens de la croissance endogène et de la nouvelle économie institutionnelle (NEI)[368].

Les infrastructures sont constituées des structures matérielles et immatérielles de base indispensables à la marche d'une société. Les infrastructures matérielles renvoient au capital physique qui permet à l'économie de fonctionner et aux services essentiels, urbains et ruraux, d'êtres produits et distribués. Il s'agit principalement des infrastructures de transport (les ports, les aéroports, les routes et les voies ferrées), l'électricité et les télécommunications[369].

---

367 Propos de Nasser BOURITA, Chef de la diplomatie marocaine, à retrouver dans Jeune Afrique https://www.jeuneafrique.com.

368 Idrissa Yaya Diandy | Alioune Badara Seck, « Infrastructures physiques et croissance économique en Afrique de l'Ouest : Le rôle des institutions », African development Review, 03/2021, Volume 33, Numéro 1, p. 154.

369 *Ibid.*,

Des infrastructures de qualité peuvent accroître la PGF (productivité globale des facteurs) de manière indirecte en réduisant les transactions et autres coûts, permettant ainsi un usage plus efficace des facteurs de production conventionnels. En effet, les infrastructures ont, en tant que facteur de production, une incidence sur la quasi-totalité des biens et services générés par les autres secteurs. De plus, elles peuvent affecter les coûts d'ajustement des investissements, la soutenabilité des capitaux privés ainsi que l'offre et la demande des services de santé et d'éducation. L'absence ou le manque de fiabilité des transports, d'électricité ou de services de télécommunication font peser sur les entreprises des surcoûts (achat de groupes électrogènes, par exemple) qui vont freiner leur adoption de nouvelles technologies. Des transports de meilleure qualité permettent aussi d'augmenter la taille réelle des marchés du travail[370].

Selon la Banque mondiale, l'Afrique aurait besoin d'environ 90 Md$ d'investissements annuels pour les dix prochaines années pour combler le déficit d'infrastructures et maintenir ainsi sa trajectoire de croissance[371]. En général, les pays africains recherchent du financement au niveau du marché international, cependant comme le reconnaît Monsieur Ibrahim Assane Mayaki représentant du NEPAD notamment au G20, « *à chaque fois que je vais au G20, qu'on promet beaucoup d'argent pour les*

---

[370] Document « Les infrastructures africaines : un potentiel considérable, mais un impact limité sur la croissance équitable », p. 71. Disponible sur Perspectives_Economiques_en_Afrique_2018_-_fr_Chapitre3.pdf (afdb.org).

[371] « *Jusqu'à présent, la majorité des pays africains comptaient largement sur le revenu fiscal pour le financement de leurs budgets de développement et d'infrastructures. Mais depuis peu, à cause de la baisse des cours des denrées alimentaires et des prix des produits de base affectant les industries extractives, les gouvernements africains reçoivent aujourd'hui beaucoup moins de revenus de leur base traditionnelle de ressources naturelles. La baisse du cours du pétrole avec la montée en puissance de l'exploitation du gaz de schiste aux États-Unis et le ralentissement de la croissance de l'économie chinoise qui boostait jusqu'à présent la demande des ressources africaines ont entraîné une baisse considérable des revenus de plusieurs pays africains* ». **Voir** Ghassen Bouslama

« Les Sukuk souverains : une réelle alternative pour le financement des infrastructures en Afrique subsaharienne ? », Dans Revue d'économie financière 2019/4 (N° 136), p. 412.

infrastructures africaines, à la fin la question est toujours la même : où sont vos projets ? ». Pour le secrétaire exécutif de l'Agence de planification et de coordination du Nouveau Partenariat pour le développement de l'Afrique (Nepad), comme pour l'ensemble des membres du jury des « Meilleurs projets d'infrastructures d'Afrique », il est indispensable pour le continent d'investir dans la capacité de préparation des dossiers[372].

Parmi les considérations importantes à ce sujet se trouvent les caractéristiques d'un contexte institutionnel favorable comme la stabilité politique, l'efficacité du gouvernement, la qualité réglementaire, l'état de droit et le contrôle de la corruption sont propices au développement des infrastructures financées par les partenariats publics privés, les promoteurs privés et les prêteurs. Cet aspect est particulièrement important, surtout dans les pays africains dans la mesure où les biens et services publics sont encore plus importants pour le développement de l'économie, mais où le contexte institutionnel médiocre et la faible qualité des institutions peuvent réduire considérablement la possibilité pour le secteur privé d'agir en tant que fournisseur de biens publics[373].

Il apparaît à cet effet nécessaire dans le cadre de la mise en œuvre de la ZLECAf, que les Etats africains se mobilisent pour pallier à ces défis pratiques, défis qui seront certainement longs et ardus à relever au regard de ces pays aux économies fragilisées avec une faible industrialisation.

B. Une industrialisation déficitaire

Il est impératif que l'Afrique développe des infrastructures de haute qualité pour atteindre les objectifs de développement durable établis par l'Organisation des Nations Unies (ONU), l'Agenda 2063 de l'Union Africaine (UA) et les cinq priorités, le « Top 5 », de la Banque africaine de développement (BAD). L'Afrique en a besoin pour accroître sa productivité économique et maintenir sa croissance, sur laquelle de bonnes infrastructures

---

[372] Jeune Afrique, « Classement : les meilleurs projets d'infrastructures d'Afrique », | 21 juin 2018 à 15h42 | Par Frédéric Maury.

[373] Idrissa Yaya Diandy | Alioune Badara Seck, *Op. Cit.*, p. 155.

ont un impact à la fois direct et indirect. Elles augmentent directement la productivité globale des facteurs (PGF), car les services infrastructurels agissent comme facteur de production et ont un impact immédiat sur la productivité des entreprises. Elles encouragent ainsi, au regard de leur propre contribution au PIB, la production économique globale[374].

Pour beaucoup d'observateurs l'Afrique doit s'industrialiser pour éliminer la pauvreté et créer des emplois alors que 12 millions de personnes rejoignent, chaque année, sa population active. Le retard industriel du continent s'explique principalement par le manque d'infrastructures de production électrique, hydraulique et de transports, lesquelles permettraient aux entreprises de prospérer dans ces industries aux forts avantages comparatifs. Malgré les avantages potentiels que présentent, à long terme, les infrastructures, les gouvernements africains et leurs partenaires de développement ont considérablement réduit, au cours des années 1980 et 1990, la part des ressources qui leur sont consacrées en raison des programmes d'ajustement structurel adoptés par la plupart des pays africains conformément au consensus de Washington[375]. Le manque d'infrastructures qui caractérise aujourd'hui l'Afrique par rapport à d'autres régions du globe résulte, en partie, de cette évolution.[376].

En réduisant les coûts des transactions, les infrastructures favorisent un meilleur usage des facteurs de production que sont la terre, le travail et les capitaux physiques, générant ainsi une PGF plus élevée ; elles vont également contribuer à intensifier la production et à élargir le champ des possibilités en matière d'investissements[377]. Cela permettra de booster la production pour mettre des produits africains sur la zone de libre-échange. Il

---

[374] Document « Les infrastructures africaines : un potentiel considérable, mais un impact limité sur la croissance équitable », Disponible sur Perspectives_Economiques_en_Afrique_2018_-_fr_Chapitre3.pdf, p. 71.
[375] *Ibid.*, p. 70.
[376] *Ibid.*,
[377] *Ibid.*,

y a donc un progrès considérable à faire à ce niveau par les Etats africains, parties à l'accord.

La ZLECAf, au-delà des espoirs économiques est avant tout un projet conçu pour les peuples africains, peuples parfois soumis à des dictatures, des instabilités politiques conduisant à des violations des droits de l'homme. En outre, le contexte sécuritaire de l'Afrique ne présage pas un libre-échange paisible dans certaines régions comme le Sahel. Par ailleurs, le lien impératif qui doit s'établir entre ce projet et la nécessité de protéger les droits de l'homme et les questions sécuritaires s'impose comme réflexion à ce titre.

Section 2 : Les défis plus généraux de l'accord tenant aux questions des droits de l'homme et de la sécurité en Afrique

S'insérant dans le processus d'intégration régionale, la zone de libre-échange continentale africaine impose aux Etats de ne pas occulter des questions cruciales dans le cadre de sa mise œuvre. Deux grands défis apparaissent importants si l'on veut que cette zone soit bénéfique aux populations africaines. Il faudrait prendre en considération la place de la ZLECAf dans les droits de l'homme (**paragraphe 1**) et chercher à relever les questions sécuritaires qui peuvent entraver le commerce entre pays africains (**paragraphe 2**).

Paragraphe 1 : La place de la ZLECAf dans la réflexion des droits de l'homme en Afrique

Appliquant les règles du droit international économique, droits de l'homme et zone de libre-échange sont *à priori* dichotomiques, pourtant ces disciplines partagent des traits communs ainsi que d'exponentielles synergies et elles agissent de manière si étroite qu'il ne soit plus possible de recourir à l'une en faisant abstraction de l'autre[378].

En effet, bien qu'ambitieux et porteur d'espérance, la ZLECAf née dans un contexte africain où l'applicabilité des droits de

---

[378] Catharine TITI, *Droits de l'homme et droits international économique*, Ed. Bruylant, 2019, p. 7.

l'homme en général demeure problématique (**A**). Cependant une telle entreprise en appelle justement à une plus grande responsabilité des Etats pouvant permettre le respect d'un cadre minimum (**B**) dans l'optique d'exécuter les objectifs[379] que l'accord s'est fixé en termes d'atouts pour les peuples africains.

A. La problématique de droits de l'homme en Afrique

C'est avant tout au regard de l'histoire qu'il faudrait questionner cette problématique des droits de l'homme en Afrique de façon générale. Les considérations d'ordre politique, économique et idéologique ont fortement influencé la perception et l'évolution des droits de l'homme sur ce continent. Au premier rang de cette justification se trouve le rôle joué par la colonisation dans l'importation des droits de l'homme.

En effet, pour certains, il s'agissait d'un mal nécessaire, alors que d'autres au contraire y ont vu une destruction de la civilisation. En 1885, Jules Ferry faisait observer par exemple aux parlementaires français que « *la déclaration des droits de l'homme n'avait pas été écrite pour des noirs de l'Afrique Equatoriale*[380] ». Ce ne sera que plus tard après la seconde guerre

[379] Pour rappel, les Objectifs généraux de l'article 3 de l'accord visent à : *(a) créer un marché unique pour les marchandises et les services facilité par la circulation des personnes afin d'approfondir l'intégration économique du continent africain et conformément à la vision panafricaine d'une « Afrique intégrée, prospère et pacifique » telle qu'énoncée dans l'Agenda 2063; (b) créer un marché libéralisé pour les marchandises et services à travers des cycles successifs de négociations; (c) contribuer à la circulation des capitaux et des personnes physiques et faciliter les investissements en s'appuyant sur les initiatives et les développements dans les États parties et les CER*; [...].

[380] « *Symbole de la victoire de l'opprimé sur l'oppresseur, ce texte, adopté le 26 août 1789, permettait pourtant en son temps de nourrir de nombreux espoirs en matière de libération de tous les individus. Un auteur soulignait récemment à son sujet, qu'elle est "la première exigence constitutionnelle des droits de l'homme". Les contingences politiques et économiques contemporaines de cette déclaration n'eurent pas à souffrir de pareille "exigence" ; elles justifièrent ainsi le commerce des esclaves et plus tard l'expansion coloniale. Objet de convoitise des puissances européennes, les territoires africains furent présentés comme des terrae nullius afin d'en légaliser l'occupation. La légitimation de la conquête fut naturellement trouvée dans la sacro-sainte mission de civilisation (...) L'homme africain était nié tant dans l'exercice de ses droits civiques que dans celui de ses libertés civiles. Toute une législation*

mondiale que les droits de l'homme étaient devenus des préoccupations internationales. On a pu dire de cette période que « *le processus de décolonisation fut contemporain de cette phase d'internationalisation des droits de l'homme et entretint avec elle des rapports étroits* ». Ce contexte permet de comprendre globalement la relative passivité, voire la résignation, de l'homme africain face aux dénis de ses droits dans les jeunes Etats[381].

Par ailleurs, la majorité des gouvernements sous l'égide de l'OUA avaient à l'époque estimé que la construction nationale était une tâche prioritaire, et qu'elle ne pouvait s'accommoder à l'approche libérale occidentale. Ils avaient évoqué les considérations liées à l'ethnie pour rejeter la consécration des droits de l'homme et de la démocratie. D'où le développement des pouvoirs forts et parfois dictatoriaux même plus de soixante années après dans certains pays. Les Etats africains ont même soutenu que la pauvreté et le sous-développement seraient incompatibles avec les droits de l'homme. En conséquence, le respect de ces derniers étaient subordonnés aux impératifs du développement économique. L'ensemble de ces thèses expliquent la portée limitée des droits de l'homme sur le continent[382].

Mais ce constat n'est plus d'actualité puisqu'aujourd'hui les droits de l'homme se sont imposés progressivement comme des impératifs dans les relations internationales contemporaines. Cela plus encore dans la mesure où l'ensemble des Etats se placent de plus en plus en interdépendance structurelle qui rend selon certains « *caduque la conception traditionnelle de la*

---

d'exception fut en effet bâtie sur la dichotomie mentionnée plus haut. Ainsi, la liberté d'aller et venir était-elle sérieusement entravée de manière à assurer aux colons une main-d'oeuvre fixe bon marché ». **Voir** Fatsah Ouguergouz, *La charte africaine des droits de l'homme et des peuples*, New edition [online]. Genève: Graduate Institute Publications, 1993 (generated 25 mai 2021). Available on the Internet: <http://books.openedition.org/iheid/2184>. ISBN: 9782940549375. DOI: https://doi.org/10.4000/books.iheid.2184.

381 *Ibid.*,

382 Mutoy MUBIALA, *Le système régional africain de protection des droits de l'homme*, Ed. Bruylant, 2005, p. 14-15.

souveraineté[383] ». A cet effet, en dépit du fait que la mondialisation continue d'influencer les économies, les droits de l'homme sont, en parallèle, « *devenus un enjeu international autour duquel se mobilisent un ensemble d'acteurs ; la fin du monopole étatique sur les relations internationales se traduit aussi sur le terrain des droits de l'homme*[384] ». La preuve de cette influence des droits de l'homme en Afrique est traduite par l'adoption en 1981 de la Charte africaine des droits de l'homme et des peuples. Cette Charte représente une reconnaissance des Etats africains du fait que les droits de l'homme sont devenus incontournables[385].

Néanmoins, l'applicabilité des droits de l'homme au niveau des Etats africains demeure très problématique. On notera par exemple que lorsqu'ils adhèrent aux instruments de protection des droits de l'homme, ils assortissent souvent leur consentement à des réserves[386]. Le Rwanda étant à titre illustratif réticent à accepter la compétence de la Cour internationale pour trancher

---

[383] « *Le développement des échanges entre les éléments constitutifs de la société internationale, le renforcement des liens d'interdépendance et de solidarité, l'imbrication toujours plus grande des économies réduisent la marge de liberté des États, en les amenant à se plier, bon gré mal gré, aux contraintes d'un ordre transnational qui les dépasse (...) il est incontestable qu'un saut qualitatif a été franchi au cours de la dernière décennie : le concept de « mondialisation » traduit l'existence d'une dynamique nouvelle, qui atteint tous les niveaux de l'organisation sociale (la mondialisation n'est pas seulement économique, mais encore culturelle, idéologique, politique...) et pose la question de la pertinence même du cadre étatique ; pour Ulrich Beck, les États sont appelés à devenir des « États cosmopolites », acceptant pleinement la logique transnationale* ». **Voir** CHEVALLIER, Jacques. Propos introductif In : *Mutations de l'État et protection des droits de l'homme* [en ligne]. Nanterre : Presses universitaires de Paris Nanterre, 2007 (généré le 18 mai 2021), p. 4-6. Disponible sur Internet : <http://books.openedition.org/pupo/1382>. ISBN : 9782821826717. DOI : https://doi.org/10.4000/books.pupo.1382.

[384] CHEVALLIER, Jacques, *Op. Cit.*, p. 7.

[385] Les autres instruments internationaux de protection des droits de l'homme seront mis en exergues dans la partie relative au « cadre minimum à respecter dans la mise en œuvre de l'accord ». **Voir** *infra.*, (B).

[386] Paul TAVERNIER, *Regards sur les droits de l'Homme en Afrique*, Ed. L'Harmattan, 2008, p. 17.

du non-respect des obligations découlant de ces instruments[387], ou encore au sujet de la Cour Africaine des droits de l'homme et des peuples, des Etats comme la Côte d'Ivoire et le Benin ont émis des retraits suite à des contentieux qu'a connus cette juridiction[388]. Il faut tout de même rappeler que si les Etats africains souhaitent véritablement que l'accord bénéficie aux peuples africains, ils doivent respecter un cadre minimum des droits de l'homme.

B. *Le cadre minimum à respecter dans la mise en œuvre de l'accord*

Dans la mise en œuvre de cet accord, les Etats africains sont appelés à règlementer leurs activités économiques en tenant compte des droits de l'homme[389]. Il appartiendra à chaque Etat africain selon son cadre juridique interne de promouvoir les

---

[387] Nous pouvons observer le cas du Rwanda, qui a émis des réserves à la compétence de la cour alors qu'elle est partie à la convention sur le génocide. La Cour note d'abord que tant le Congo que le Rwanda sont parties à la Convention sur le génocide, mais que l'instrument d'adhésion du Rwanda comporte une réserve formulée comme suit : « La République rwandaise ne se considère pas comme liée par l'article IX [clause compromissoire] de ladite convention ». Elle note également que, dans l'instance, le Congo a contesté la validité de cette réserve. La Cour observe « que les droits et obligations consacrés par la Convention sont des droits et obligations erga omnes », mais que, comme elle a déjà eu l'occasion de le souligner, « l'opposabilité erga omnes244 d'une norme et la règle du consentement à la juridiction sont deux choses différentes ». Elle ajoute que le seul fait que des droits et obligations erga omnes seraient en cause dans un différend ne saurait donner compétence à la Cour pour connaître de ce différend. **Voir** CIJ, *Activités armées sur le territoire du Congo* (RDC c. Rwanda), arrêt du 3 février 2006, par. 65-66.

[388] À l'origine de ces retraits, les ordonnances prises par la CADHP en avril, relatives à deux affaires concernant les opposants Sébastien Ajavon au Bénin et Guillaume Soro en Côte d'Ivoire. **Voir** Jeune Afrique, « Justice : quand les États tournent le dos à la Cour africaine des droits de l'homme » | 07 mai 2020 à 18h16 | Par Matthieu Millecamps et Marième Soumaré.
Mis à jour le 07 mai 2020 à 18h30

[389] « *Les États africains se doivent ex ante de faire des droits de l'homme une de leurs priorités, surtout pour assurer la protection des mineurs et des femmes au travail, leur offrir un niveau de vie adéquat et une possible autosuffisance alimentaire* ». **Voir** Kinde DAMSOU, « La zone de libre-échange continentale : réflexions sur les droits de l'homme en Afrique », Thinking Africa, note d'analyse politique, NAP n° 77 – août 2019, p. 3.

droits de l'homme[390]. La plupart des pays africains ont souscrit aux accords et conventions internationaux en matière de protection des droits de l'homme notamment la Charte africaine des droits de l'homme (Charte africaine), le Pacte international relatif aux droits économiques, sociaux et culturels (PIDESC), le Protocole à la Charte africaine des droits de l'homme et des peuples relative aux droits de la femme (Protocole de Maputo), la Charte africaine des droits et du bien-être de l'enfant (CADBE), la Convention sur l'élimination de toutes les formes de discrimination à l'égard des femmes (CEDAW).

Contrairement à l'assertion communément admise relative à l'idée que les droits de l'homme seraient contraires au développement économique[391], l'ensemble des instruments susmentionnés « *exigent juste qu'il y ait un cadre de suivi continu des politiques en question, et que toute discrimination soit évitée* ». L'enjeu majeur va résider au niveau des droits dits de la seconde génération, c'est-à-dire les droits économiques et sociaux[392]. La réflexion sur le sujet et l'invitation des Etats africains à prendre la question en considération est importante même si « *[m]algré l'activité intense que leur consacrent diplomates et experts, et en dépit de l'émergence d'une jurisprudence et de l'abondance des travaux sur la question, les droits économiques et sociaux demeurent largement invisibles dans la législation et les institutions de la grande majorité des États*[393] ». Au-delà du cadre purement africain, le respect par les

---

[390] *Ibid.*, p. 4.

[391] Les Etats africains soutenaient dès les indépendances qu'ils ne pouvaient y avoir de compatibilité avec la pauvreté et le développement économique.

[392] Kinde DAMSOU, *Op. cit.* p. 4.

[393] Rapporteur spécial des Nations Unies sur l'extrême pauvreté et les droits de l'homme, ALSTON (P.), La marginalisation des droits économiques et sociaux, rapport annuel de 2016 présenté au Conseil des droits de l'homme des Nations Unies, doc. A/HRC/32/31, §2. Le rapporteur spécial faisait un constat similaire dans son rapport de 2015 : Rapporteur spécial des Nations Unies sur l'extrême pauvreté et les droits de l'homme, ALSTON (P.), Extrême inégalité et droits de l'homme, rapport annuel de 2015 présenté au Conseil des droits de l'homme des Nations Unies, doc. A/HRC/29/31, §50 : « *[M]algré tout ce qui a été accompli à cet égard ces vingt dernières années, les droits économiques, sociaux et culturels continuent d'être relégués au second plan. L'on recense un grand nombre de contextes dont ils sont absents ou dans lesquels ils sont*

Etats parties au PIDCP de manière générale est assez problématique comme pouvait le noter en 2016 le rapporteur des nations unies[394].

Il y a un contraste évident entre les différents types de garanties tant au niveau régional (*la Commission Africaine des Droits de l'Homme et des Peuples*) qu'international (*le Comité des droits de l'homme des Nations unies pour l'application des droits civils et politiques*) ainsi que les instruments de protection existants au niveau régional européen notamment la Convention européenne des droits de l'homme de 1950[395].

L'ensemble des Etats africains doivent veiller à ce que les activités économiques et commerciales qui seront entreprises à travers l'accord n'affectent pas de manière substantielle la vie des populations locales. Ils doivent veiller à ce que des accords conclus avec les États d'origine des multinationales et également

---

considérés comme marginaux ou seulement pris en considération pour la forme ». **Cité** par Charline PUTTI, *Les obligations internationales des états en matière de droits économiques, sociaux et culturels : L'édification d'un régime obligataire spécifique aux droits à réalisation progressive*, Thèse pour le doctorat en droit public, le 14 février 2020 à l'Université AIX-MARSEILLE, p. 1.

394 « *Dans son rapport annuel de 2016, Philip Alston le Rapporteur spécial sur l'extrême pauvreté et les droits de l'homme tentait d'alerter le Conseil des droits de l'homme des Nations Unies sur la marginalisation des droits économiques, sociaux et culturels. Cinquante ans après l'adoption du Pacte international relatif aux droits économiques, sociaux et culturels et la consécration de ces droits au sein des différents systèmes régionaux de protection des droits de l'homme, l'expert relève que les conditions ne sont pas réunies « pour susciter de la part des gouvernements des mesures sérieuses » Il complète ses constats d'un plaidoyer juridiquement fondé, dans un premier temps, sur l'importance de considérer les droits économiques sociaux et culturels comme des droits de l'homme4 puis, sur la nécessité de comprendre les obligations relatives aux droits économiques sociaux et culturels qui incombent aux États5 . Les deux volets du rapport sont irréductibles. Tant que les obligations en matière de DESC ne seront pas comprises, les droits économiques, sociaux et culturels seront assimilés à des objectifs à long terme ou de simples aspirations de justice sociale* ». **Voir** Pacte international relatif aux droits économiques, sociaux et culturels, New York, 16 décembre 1966, résolution 2200 A (XXI) de l'Assemblée générale des Nations Unies, entré en vigueur le 3 janvier 1976., **Cité** par Charline PUTTI, *Ibid.*

395 Kinde DAMSOU, *Op. cit.* p. 5.

avec les entreprises soient à même de protéger les droits de l'homme en Afrique en prenant en compte les nouvelles exigences, largement inspirées par la préoccupation des droits de l'homme[396]. Cette tâche est complétée par la Conférence sur les droits de l'homme tenue à Vienne, appelant les États en juin 1993, « *à renforcer les institutions nationales et les infrastructures qui maintiennent l'État de droit* » en vue de créer « *les conditions permettant à chacun de jouir des droits universels et des libertés fondamentales* ». Ce qui va au-delà du cadre tracé par le PIDCP et la déclaration universelle des droits de l'homme[397].

L'Afrique est un continent qui regorge d'innombrables ressources et suscite la convoitise de nombreuses multinationales[398] et plus encore avec la ZLECAf, cet engouement pourrait potentiellement augmenter dans la mesure où l'objectif de l'accord est aussi de favoriser les investissements étrangers en Afrique[399]. Cependant, il convient de noter que ces activités ont en général un impact sur les droits de l'homme.

Alors que l'intérêt politique attaché par exemple à la responsabilité des entreprises connaît une sorte de « fluctuation », les violations relatives aux droits de l'homme ont suscité de nombreux débats. Au niveau international, en dépit du fait que se dégage un consensus assez mou sur la responsabilité quant aux violations des droits de l'homme, aucun accord de valeur normative n'a été trouvé même si l'approbation unanime des principes directeurs des Nations Unies relatifs aux entreprises et aux droits de l'homme (PDNU) en 2011, inspiré du

---

[396] La Déclaration de l'OIT relative aux principes et droits fondamentaux au travail et son suivi, adoptée en 1998, stipule clairement que ces droits sont universels et qu'ils s'appliquent à tous les peuples et tous les Etats, quel que soit leur niveau de développement économique.

[397] Kinde DAMSOU, *Ibid.*,

[398] Pacifique Manirakiza, « La protection des droits de l'homme à l'ère de L'industrie extractive en Afrique », Published by : Presses de l'Université de Montréal, criminologie, 2016, Vol. 49, No. 2, Criminalité environnementale (2016), pp. 115.

[399] Article 3 (c) de l'accord « *contribuer à la circulation des capitaux et des personnes physiques et faciliter les investissements en s'appuyant sur les initiatives et les développements dans les États parties et les CER* ».

cadre « *protéger, respecter et réparer* » a marqué un grand tournant, constituant de la *soft law*[400].

La ZLECAf inspirée de l'Agenda 2063 a retenu un nombre de droits relatifs au travail[401], à un niveau de vie adéquat, à l'alimentation et la sécurité au bénéfice des femmes[402]. Tous ces droits imposent aux États africains l'obligation de respecter et de veiller à la protection des droits de l'homme. Cette obligation les amène à prendre des mesures pour faciliter la réalisation des droits socio-économiques et culturels des citoyens africains[403] avec un accès à la justice reconnu comme garanti par la Charte africaine des droits de l'homme et des peuples[404].

---

[400] « *La structure à trois volets des PDNU s'appuie sur l'obligation pour l'Etat de protéger les droits de l'homme, la responsabilité des entreprises de se conformer aux normes des droits de l'homme, et l'obligation pour les deux acteurs de garantir des voies de recours aux victimes* ». **Voir** Catharine TITI, *Op. Cit.*, p. 14.

[401] **Point 50** de l'Agenda 2063 « *La femme africaine sera pleinement habilitée dans tous les domaines, et disposera de l'égalité des droits sociaux, politiques et économiques, y compris du droit de propriété et d'héritage, de signer un contrat, d'enregistrer et de gérer une entreprise. Les femmes rurales auront accès aux moyens de production, y compris à la terre, au crédit, aux intrants et aux services financiers* ».

[402] « *Selon les estimations, les femmes constituent environ 70 % des personnes qui pratiquent le commerce informel transfrontalier en Afrique. Dans l'exercice de cette activité, elles sont particulièrement exposées au harcèlement, à la violence, à la confiscation de leurs marchandises et même à l'emprisonnement. Grâce à la réduction des droits de douane résultant de la ZLECA, les commerçantes informelles seront mieux à même d'exercer leurs activités par les voies officielles, lesquelles offrent plus de protection. Le système peut être davantage amélioré par la mise en place de régimes commerciaux simplifiés destinés aux petits commerçants, comme celui du Marché commun de l'Afrique orientale et australe (COMESA), qui prévoit une procédure de dédouanement simplifiée ainsi que des droits de douane réduits. Cette procédure simplifiée et la réduction des droits de douane aident particulièrement les petits commerçants* ». **Voir** ZLECAf, « Questions-Réponses », Doc publié par l'UA et la Commission Economique pour l'Afrique. Disponible en ligne : https://www.google.fr/url?sa=t&rct=j&q=&esrc=s&source=web&cd=&ved=2ahUKEwi82c28jI3xAhXNA2MBHfTEADUQFjAAegQIAxAD&url=https%3A%2F%2Fau.int%2Fsites%2Fdefault%2Ffiles%2Fdocuments%2F36085-doc-qa_cfta_fr_160318_rev2.pdf&usg=AOvVaw2bJm4_YGRWQpLT7CY6150X

[403] Kinde Damsou, *Op., cit.*, p. 5.

[404] Article 7 de la Charte Africaine de droits de l'homme et des peuples.

C'est donc un grand défi qui incombe aux Etats africains dans la réalisation des buts que l'accord s'est fixés. En plus, la question relative à la sécurisation de ce libre-échange pourrait potentiellement se poser vu le contexte sécuritaire incertain qui prévaut dans certaines régions du continent comme en Afrique noire.

Paragraphe 2 : Le problème de la sécurisation des échanges

S'interrogeant de manière légitime, la commissaire aux affaires politiques de l'UA exprimait ses inquiétudes sur le sujet lors du lancement de la première phase opérationnelle de l'accord à Niamey en ces termes : « *comment allons-nous commercer si nous ne pouvons pas traverser librement les frontières ?*[405] ». Il faut rappeler que l'objectif de la ZLECAf, c'est d'être un espace de libre échange et de libre circulation pour pouvoir commercer. Si un accord arrive à être trouvé sur le protocole complémentaire relatif à la libre circulation des personnes, cette zone devra permettre une plus grande intégration du continent africain. En plus, la liberté de circulation constitue un droit fondamental dont la protection devra nécessiter une plus grande considération de la part des Etats membres[406].

Toutefois, une entrave majeure pourrait réduire considérablement la mise en œuvre de l'accord pour un plus grand bénéfice. Il s'agit du terrorisme ambiant dans certaines régions de ce continent (**A**). Au-delà des actions de coordination des Etats concernés pour endiguer ce phénomène, une réflexion

---

[405] MINATA SAMATE-CESSOUMA, la Commissaire des Affaires Politiques de l'UA, propos tenu lors du lancement de la 1ere phase opérationnelle de la ZLEC, Niamey, 7 Juillet 2019.

[406] Il s'agit de la libre circulation, droit inhérent à tout individu au sens du droit naturel, la liberté de circulation n'est autre chose que la faculté qu'a tout être humain, toute personne n'étant soumise à aucune restriction, de se mouvoir à l'intérieur de l'espace de juridiction de l'État dont il est ressortissant. Cette conception originelle de la liberté, en tant que droit reconnu par la société politique (*polis*) à toute personne relevant de son autorité, correspond par exemple à la vision libérale de la Déclaration française des droits de l'Homme de 1789.

sur un recours éventuel au mécanisme de sécurité collective de l'UA paraîtrait intéressante comme perspective (**B**).

A. La ZLECAf face au terrorisme

Dans l'ordre international, il n'existe pas de définition établie du terrorisme[407], néanmoins c'est un terme ayant pour racine le mot « *terreur* » associé à des temps obscurs de l'histoire des idées politiques françaises[408]. Cette notion a fait son chemin jusqu'au XXIème siècle[409] où ce terme est alors chargé de connotations politiques et idéologiques justifiant d'une certaine manière l'absence de définition en droit international. Mais la différence notoire entre terrorisme et terreur, c'est que le terrorisme est dirigé contre l'Etat alors que la terreur vient de l'Etat[410].

---

[407] La principale définition ressort de la convention des nations unies du 9 décembre 1999 portant sur la répression du financement du terrorisme, définit comme : « *tout acte destiné à tuer ou blesser grièvement un civil ou toute autre personne qui ne participe pas directement aux hostilités dans une situation de conflit armé, lorsque, par sa nature ou par son contexte, cet acte vise à intimider une population ou à contraindre un gouvernement ou une organisation internationale à accomplir ou à s'abstenir d'accomplir un acte quelconque* », une définition qui n'est pourtant pas universelle et cela malgré l'universalité de l'organisation des Nations unies comprenant 189 Etats parmi lesquels seuls 132 Etats membres ont adhéré à cet instrument.

[408] Selon l'encyclopédie Larousse c'est un nom donné à deux périodes de la Révolution française : la première Terreur (10 août-20 septembre 1792) et la seconde Terreur (5 septembre 1793-28 juillet 1794).

[409] Le terrorisme ne constitue pas une nouveauté. Depuis bien longtemps déjà, les individus, les peuples et les Etats ont été impliqués dans des actions terroristes, soit en tant que victimes, soit en tant qu'acteurs. Le terme « terrorisme », nous dit Chesnais, est apparu pour la première fois en 1 798 dans le supplément du Dictionnaire de l'Académie française. Il se réfère alors au régime de terreur qui ensanglante la France entre septembre 1793 (vote de la loi des Suspects) et juillet 1794 (Chute de Robespierre). Entre 1936 et 1981, plus de 109 définitions du terrorisme ont été proposées dans le monde. La loi française de 1927 sur l'extradition qualifie de terrorisme tout « acte de barbarie odieux et de vandalisme défendus suivant les lois de la guerre ». **Voir** Richard Philippe « Droit de l'extradition et terrorisme. Risques d'une pratique incertaine : du droit vers le non-droit », In : Annuaire français de droit international, volume 34, 1988. pp. 653.

[410] Comme l'a si bien expliqué Raymond Martin dans Terreur et terrorisme, revue juridique de l'ouest, 2005 P. 171.

Le Conseil de sécurité de l'ONU va donner une définition plus large du terrorisme qu'il définira comme : « *des actes criminels, notamment ceux dirigés contre des civils dans l'intention de causer la mort ou des blessures graves ou la prise d'otages dans le but de semer la terreur parmi la population, un groupe de personnes ou chez des particuliers, d'intimider une population ou de contraindre un gouvernement ou une organisation internationale à accomplir un acte ou à s'abstenir de le faire*[411] ». Malgré l'absence de consensus international sur la définition du terrorisme, on retrouve de nombreux instruments ayant pour objet sa répression à l'international mais également dans l'ordre interne des Etats. Ils auront pour obligation d'incriminer le terrorisme, son financement ou l'incitation[412].

Les Etats africains depuis l'accession à l'indépendance en 1960, ont été en proie à différentes formes de conflit et d'insécurité[413] qui ne cessent de fragiliser leur intégrité et leur développement. Il s'agit, entre autres, des coups d'État, des guerres civiles, en passant par l'insécurité intérieure consécutive au grand banditisme.

Néanmoins, ce sont ces dernières années de nouveaux types d'insécurité se traduisant par des attaques et des incursions de groupes dits islamistes et fondamentalistes dont les actions s'internationalisent qui représentent une grave menace pour la paix et la sécurité dans l'ensemble de l'Afrique. Il en est ainsi de la région du lac Tchad qui est régulièrement la cible d'attaques

---

[411] CSNU, Résolution 1566, 2004.

[412] Résolution 1624 du Conseil de Sécurité, la convention internationale sur la répression du terrorisme à l'explosif (1997), la convention internationale pour la répression du financement du terrorisme (1999), et la convention internationale pour la répression des actes terroristes nucléaires (2005).

[413] Déjà dès 1960, la diversité des litiges était considérable : différends frontaliers aigus, conflits internes, souvent graves suspectés parfois d'avoir été suscités hors du continent et alourdis par des frictions entre plusieurs Etats africains, tensions régionales nées d'un changement intérieur de régime ou alimentées par des oppositions idéologiques. **Voir** à ce sujet Mohammed BEDJAOUI, « Le règlement pacifique des différends africains », Annuaire français de droit international, volume 18, 1972. pp. 85.

des islamistes de Boko Haram. La secte multiplie des incursions dans les pays riverains[414].

Les attaques terroristes menées par les Boko haram dans la région pèsent lourdement sur les activités socio-économiques des Etats de la région. On enregistre des prises d'otages, des atteintes à la vie et la dignité humaine, des vols de bétails ou encore des attaques kamikazes. A cela s'ajoute la multiplication des affrontements entre ces groupes armés et les forces de défense camerounaises, tchadiennes et nigériennes dans les zones frontalières et même sur les îles du Lac Tchad[415].

L'impact économique de ces attaques d'un point de vue macroéconomique comprend aussi les dépenses qu'engagent les Etats africains pour lutter au quotidien et permettre la sécurisation des frontières, parfois au détriment de leur développement social. Entre 2007 et 2016 le terrorisme aurait coûté 119 milliards US au continent africain. En réalité, ce chiffre est nettement plus élevé si l'on comptabilise les pertes en PIB et les activités du secteur informel, les dépenses supplémentaires de sécurité, ainsi que les coûts liés aux réfugiés et aux personnes déplacées[416].

Il en résulte que le droit de circuler librement dans la zone en ce qui concerne les régions comme le Sahel est gravement compromis[417]. Une telle situation constitue un blocus pour le

---

[414] Armel Sambo, « La cohérence des coalitions interrégionales pour lutter contre le terrorisme en Afrique subsaharienne : cas de la Force multinationale mixte de la CBLT contre la secte Boko Haram », Africa Development / Afrique et Développement, Vol. 42, No. 3, Special Issue on Security Regimes in Africa – Prospects and Challenges / Numéro spécial sur Les régimes de sécurité en Afrique – Perspectives et défis (2017), pp. 138.

[415] *Ibid.,*

[416] « *L'initiative du Programme des Nations Unies pour le Développement (PNUD) « Prévenir et lutter contre l'extrémisme violent en Afrique : une approche axée sur le développement » a identifié 18 pays cibles particulièrement touchés par le terrorisme et ses conséquences, notamment économiques* ». **Voir** Aristide Briand REBOAS, *Terrorisme et mutations géostratégiques en Afrique*, L'Harmattan, 2021, p. 57.

[417] « *Le Maghreb a vu s'implanter plusieurs groupes, dont Al-Qaïda au Maghreb islamique (AQMI), produit d'une restructuration du Groupe [algérien] salafiste pour la prédication et le combat (GSPC). Dans la Corne de*

développement de la zone de libre-échange et devrait amener l'UA à se positionner pour voir s'il ne serait pas opportun d'envisager un recours effectif au mécanisme de sécurité collective.

B. Un recours possible au système de sécurité de l'UA comme remède à l'insécurité ?

« *Les conflits sont actuellement la plus forte image que nous envoie l'Afrique et cette image en suscite d'autres aussi négatives* »[418]. Ces propos du Professeur Sur sont en tout état de cause le reflet de la réalité du continent africain. La recrudescence des attaques au Sahel, en dépit de la présence des missions de peace-keeping des Nations Unies, des unités de l'opération française Barkhane et des unités des forces armées nationales des pays de la région, interpelle à plus d'un titre[419].

Il convient de souligner que la lutte contre le terrorisme n'est toutefois pas un phénomène nouveau pour l'Afrique. Elle remonte avant les attentats de 2001. Pour rappel, l'OUA adoptait déjà en 1992 une résolution (AHG/Résolution 213) dans laquelle elle encourageait la coopération et la coordination entre ses

---

l'Afrique, ce sont plutôt Al-Shabaab, d'origine somalienne, et l'Armée de résistance du Seigneur (ARS), d'origine ougandaise, qui dominent les activités terroristes dans la région et au-delà, notamment dans le cas de l'ARS qui sévit aussi en Afrique centrale. Sans doute, c'est en Afrique de l'Ouest et au Sahel que le terrorisme a connu la progression la plus rapide, ces dernières années. Le Nigeria et le bassin du lac Tchad sont parcourus par Boko Haram et ses branches dissidentes (Ansaru et l'État islamique en Afrique de l'Ouest). Le Mali demeure aussi l'épicentre d'un terrorisme en expansion. L'Afrique australe, qui semblait à l'abri des groupes terroristes jusqu'à récemment, fait face aux attaques sporadiques d'un groupe qui se nomme Ansar al-Sunnah et qui opère dans le nord-est du Mozambique ». **Voir** Laurence-Aida Ammour, « La lutte contre le terrorisme en Afrique : acte de bienveillance ou prétexte stratégique ? » Presses universitaires de Montréal (Canada), 2019, p. 7. Disponible en ligne sur https://www.academia.edu/40355877/La_lutte_contre_le_terrorisme_en_Afrique_extrait_.

418 Guy-Fleury NTWARI, *l'Union Africaine et la promotion de la paix, de la sécurité et de la stabilité en Afrique*, Helbing Lichtenhanhn, Bâle, 2017, p.1.

419 Abdelhak Bassou, « l'Etat, les frontières et le terrorisme au sahel : cas du G5 sahel », Policy Brief, Octobre 2017, PB-17/33, p. 1. Disponible sur : https://www.policycenter.ma/sites/default/files/OCPPC-PB1733.pdf.

membres afin de mieux combattre l'extrémisme, résolution qui sera suivie d'autres initiatives[420]. Tout au mieux, l'organisation s'est érigée en un forum de discussions et de concertations sur le sujet.

Cependant force est de constater que les coalitions interétatiques dans la région du Sahel même ne suffisent pas à endiguer le phénomène puisque non seulement ces coalitions sont pour la plupart handicapées par des défauts de financements et donc d'opérationnalisation, mais aussi que le caractère subtil des opérations terroristes les empêche de pouvoir agir de façon coordonnée et cohérente[421].

Lors de la réunion du Conseil de paix et de sécurité (CPS) de l'UA, tenue à Nairobi au Kenya le 2 Septembre 2014 le rapport de la présidente de la Commission de l'UA montrait clairement que la menace terroriste s'était aggravée en Afrique au cours de la décennie précédente. Aujourd'hui, plusieurs variantes de la criminalité transnationale organisée sont de plus en plus liées aux activités et aux sources de financement des groupes terroristes. Ceux-ci utilisent le continent à la fois comme un sanctuaire, un point de vulgarisation de leurs idéologies, un bassin de collecte de fonds et de recrutement, un endroit pour planifier et mener des attaques en Afrique et ailleurs et comme une zone de prise d'otages et de transit[422].

S'inscrivant comme un acteur majeur dans le cadre de la sécurité collective, l'UA a même formulé un droit d'intervention dans sa charte constitutive. C'est d'ailleurs ce qu'on pourrait appeler le

---

[420] « *En juillet 1999, l'OUA fait un pas de plus en adoptant la Convention d'Alger sur la prévention et la lutte contre le terrorisme, une initiative intervenue après les attentats contre les ambassades américaines au Kenya et en Tanzanie, une année plus tôt. Après les attentats du 11 septembre 2001, une réunion intergouvernementale de haut niveau des États membres de l'UA adopte ensuite un plan d'action visant à rendre opérationnels les engagements des États contre le terrorisme* ». **Voir** Laurence-Aida Ammour, *Op. Cit.* p. 12-13.

[421] Il convient de citer la coalition du G5 Sahel qui est une initiative concrétisée en 2014 par la signature de l'acte de naissance de l'organisation par 5 chefs d'Etats (Mali, Mauritanie, Tchad, Burkina et le Niger).

[422] Laurence-Aida Ammour, *Op. Cit.* p. 7.

droit d'« *exception* ou *dérogatoire* »[423] contenu parmi les principes énoncés dans l'article 4 (h) de l'Acte constitutif de l'UA en ces termes : « *le droit de l'Union d'intervenir dans un Etat membre sur décision de la Conférence, dans certaines circonstances graves, à savoir : les crimes de guerre, le génocide et les crimes contre l'humanité* »[424].

Le développement de ces initiatives africaines est sous-tendu par l'approche panafricaniste consistant à africaniser les solutions aux différends africains. L'architecture de paix et de sécurité de l'UA (APSA) repose sur une conception élargie de sécurité en prenant en compte les « *menaces à l'existence, au développement et à la durabilité des systèmes politiques, économiques, militaires, humains, sociaux, du genre et de l'environnement au niveau de l'État, régional et continental*[425] ». Il s'agit d'une approche qui donne la possibilité à l'UA d'entreprendre des actions dans différents domaines sécuritaires[426].

---

[423] C. Packer and D. Rukare, « The New African Union and its Constitutive Act », American Journal of International Law, Vol. 96, 2002, p. 367 ***op. cit.*** Aranzazu Pagoaga Ruiz de la Illa, pp. 76:
« *Experts agree the OAU Charter needed revision the most, specifi cally with regard to the principles of sovereignty and non-interference (...). Not surprisingly, the African leadership came under stern criticism for its unwavering deference to exclusive domestic jurisdiction and for its silence regarding internal disputes and systematic violations of human rights* ».

[424] On peut ajouter à cela l'alinéa (j) du même article qui consacre le « Droit des Etats membres de solliciter l'intervention de l'Union pour restaurer la paix et la sécurité ». Au regard du droit international contemporain, la teneur de cet article va théoriquement au-delà de la controverse autour de la Responsabilité de Protéger (R2P) que la International Commission on Intervention and State Sovereignty avait entériné dans son rapport de 2001.

[425] Commission de l'Union Africaine, Plan stratégique 2009-2012, Addis Ababa, 19 mai 2009, p.22. Disponible en ligne : http://www.au.int/en/sites/default/files/Plan_Strategique_2009_2012.pdf.

[426] « *Cette acception de la sécurité a l'avantage de rendre compte de la diversité des causes des conflits sur le continent et permet, en même temps, de légitimer diverses initiatives politiques, militaires, économiques, environnementales, etc., que l'Union pourrait entreprendre en faveur de la sécurité et de la paix. Si l'étendue de cette définition atteste de l'importance accordée aux organes de sécurité et à la politique sécuritaire au sein de l'UA, elle cache à peine les difficultés de l'UA à embrasser efficacement tous ces défis* ». **Voir** Arsène Brice Bado, « L'Union Africaine et la sécurité collective »,

La promotion de la paix, de la stabilité et de la sécurité est associée à la volonté des Etats africains de dépasser l'inter-étatisme classique. Cela se reflète dans l'institutionnalisation du CPS comme pierre angulaire de cette architecture[427]. Celui-ci est l'« *organe de décision permanent pour la prévention, la gestion et le règlement des conflits. Le CPS constitue un système de sécurité collective et d'alerte rapide, visant à permettre une réaction rapide et efficace aux situations de conflit et de crise en Afrique*[428] ». Dans ses modalités d'actions, le CPS favorise une intervention rapide basée sur le soutien des deux tiers de ses membres[429]. Associée au CPS, l'UA dispose même d'un mécanisme d'alerte continental[430] et a par ailleurs opté pour une force africaine prépositionnée (FAP) dont la mise en œuvre est ineffective jusqu'à l'heure actuelle[431]. Elle a aussi l'atout

---

Programme Paix et Sécurité, Université de Laval, Bulletin n°58, Septembre-Octobre 2012, p. 2.

427 *Ibid.,*

428 Article 2 (1) du *Protocole Relatif à la Création du Conseil de Paix et de Sécurité de l'Union Africaine.*

429 « *Contrairement au Conseil de Sécurité des Nations Unions sur lequel est calqué le CPS, ce dernier est composé de membres élus qui n'ont pas de droit de veto et qui n'ont donc que des droits égaux. En outre, le CPS applique le principe de la représentation régionale équitable et de la rotation des membres. Contrairement au Conseil de Sécurité des Nations Unies, le CPS ne requiert que le soutien des deux tiers de ses membres* afin *d'engager une intervention (même coercitive) dans un État membre. En ce sens, par rapport au Conseil de Sécurité de l'ONU, l'UA a des procédures plus rapides et plus souples en ce qui concerne les modalités d'intervention dans un État souverain dans la perspective du Principe de la Responsabilité de Protéger. Le CPS est soutenu dans sa mission par d'autres organes subsidiaires dont la Commission de l'UA, le groupe des Sages et le Fonds de Paix* »., **Voir** Arsène Brice Bado, *Ibid.*, p. 2.

430 « *Le Système Continental d'Alerte Rapide constitue un autre pilier de l'APSA. En tant qu'observatoire des situations de crise sur le continent, il compile et analyse des indicateurs sociopolitiques, économiques, militaires et humanitaires sur des situations de crise et propose des modules d'alerte rapide ainsi que des recommandations d'actions à entreprendre. En outre, il publie quotidiennement un bulletin d'information sur les situations de crise* ». **Voir** *Ibid.,*

431 « *La Force Africaine Prépositionnée (FAP) est la composante militaire de l'APSA, mais elle n'est pas encore totalement opérationnelle quoique les troupes affectées à cette force aient déjà réalisées plusieurs exercices communs*

d'associer les CER à l'architecture de sécurité qu'elle a mise en place[432].

Au regard de ce qui précède, tout porte à croire que l'UA est institutionnellement disposée à lutter efficacement contre les fléaux comme le terrorisme et autres conflits sur le continent, pouvant permettre ainsi une libre circulation dans la mise en œuvre de la ZLECAf. Cette réflexion semble néanmoins très limitée par la réalité. Plusieurs facteurs peuvent expliquer les faiblesses de l'UA et de ses mécanismes à prendre à bras le corps les enjeux sécuritaires du continent.

D'abord l'APSA d'un point de vue structurel, est assez inadapté pour prendre en considération certains conflits tel le cas des crises socio-politiques récentes en Afrique du Nord et notamment en Tunisie, en Égypte et en Libye ont montré combien l'APSA n'était guère adaptée ni équipée pour faire face à des révoltes populaires telles que celles des Printemps Arabes ou même à intervenir militairement dans un conflit civil tel qu'en Libye[433].

Ensuite, les difficultés d'ordre financiers empêchent l'UA de se positionner comme un acteur dans le cadre des opérations de sécurisation et de maintien de la paix sur le continent. Les prélèvements sur le budget de l'Union ainsi que les contributions volontaires ne parviennent guère à couvrir les besoins financiers en matière d'opérations de paix. Les besoins financiers en ce domaine sont si importants qu'on ne voit pas comment les pays africains, pauvres dans leur majorité, parviendront à y faire face. L'UA dépend par ailleurs de l'UE à plus de 60%, cela handicape

---

d'entrainement et de formation. La FAP se voudrait être, d'une certaine manière, l'équivalente des Casques Bleus de l'ONU ». **Voir** *Ibid.*,

432 « *Les Mécanismes Régionaux pour la Prévention, la Gestion et le Règlement des Conflits sont antérieurs à la création de l'UA, mais sont désormais intégrés à l'APSA. Cependant, il incombe prioritairement aux communautés économiques régionales de résoudre les conflits dans leurs zones respectives mais en coordination avec l'UA. C'est ce qui explique, par exemple, que la CEDEAO soit en première ligne dans la recherche de solution au conflit dans le Nord-Mali. Reste maintenant à s'interroger sur l'efficacité de ce dispositif sécuritaire* ». **Voir** *Ibid.*,

433 *Ibid.*, p. 3.

son travail. L'APSA est aussi confrontée à des difficultés relatives au consensus à prendre en matière de décision, à cause des divergences politiques[434].

Enfin, la Force Africaine Prépositionnée qui constitue le pilier militaire de cette architecture n'est pas encore opérationnelle, ce qui réduit considérablement l'habilité de l'Union à intervenir rapidement et efficacement dans les conflits. Outre le sous-équipement de la plupart des armées sur le continent, il y a le problème de la diversité de la formation et des pratiques dans les armées nationales et des corps de police des États africains[435].

---

[434] *Ibid.*,
[435] *Ibid.*,

Il apparaît dans cette deuxième partie que les Etats africains ne sont pas prêts d'un point vu structurel et économique, et que même certaines questions prioritaires comme les règles d'origine sont toujours en discussions dans l'espoir de parvenir à un accord. Au-delà, les difficultés inhérentes au processus d'intégration régionale africaine via les CER semblent donner un bilan mitigé quant aux perspectives de fonctionnement de l'accord. L'AZELCAf doit à priori résoudre ces carences supplémentaires pour essayer de coordonner efficacement ses actions tant techniques que politiques. La tâche semble ardue et dans de telles conditions, l'opérationnalisation de la ZLECAF est effectivement problématique.

Conclusion générale

L'effervescence et l'engouement suscités par la conclusion puis l'entrée en vigueur de l'accord ZLECAf sont visibles et palpables auprès des africains dont la préoccupation majeure reste le développement économique, la possibilité d'accroître l'employabilité, ou encore les possibilités permettant aux entreprises africaines de négocier plus facilement sur le continent, de répondre aux demandes du marché africain en pleine croissance et de profiter des avantages offerts par ce dernier.

De cette étude sur les questions de coopération intra-africaines à l'aune de l'accord portant création de la zone de libre-échange continentale, il apparaît que l'approche de coopération envisagée par cet instrument conventionnel offre une visibilité relativement cohérente sur les objectifs économiques et de développement du continent africain.

Néanmoins en l'Etat actuel, la ZLECAf constitue une gageure que l'UA s'est lancée. L'engagement collectif des Etats africains démontre bien une prise de conscience sur les retards de développements accusés par le continent depuis les indépendances. Une telle entreprise ne peut se réaliser en quelques décennies puisqu'au regard non seulement de son caractère ambitieux mais aussi de ses défis et contraintes, les Etats africains sont largement dans un état instable. En outre, des problématiques subsistent quant à la lisibilité du projet à long terme au regard des défis présents, nous l'avions évoqué longuement.

Des pays comme le Ghana, l'Afrique du Sud ou le Nigéria semblent se démarquer par leur degré de préparation à intégrer la zone. On a même assisté au lancement de la commercialisation sous ce nouveau régime tarifaire par le Ghana. A cet effet, seule l'évolution des négociations et l'engagement des Etats à exécuter leurs obligations donnera d'avoir une vision plus complète de l'accord et d'évaluer ainsi ses perspectives d'avenir.

Annexes 1 : Tableau sur les accords commerciaux régionaux de 1948-2021[436]

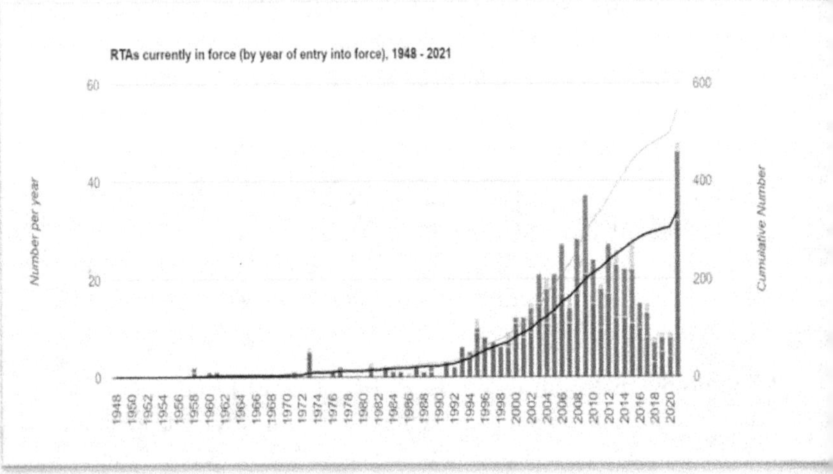

---

[436] **Voir** Regional Trade Agreement Database sur le site de l'OMC : http://rtais.wto.org/UI/charts.aspx#.

Annexe 2 : Exportations des ressources extractives et non extractives[437]

La Zone de libre-échange continentale africaine - Questions et réponses

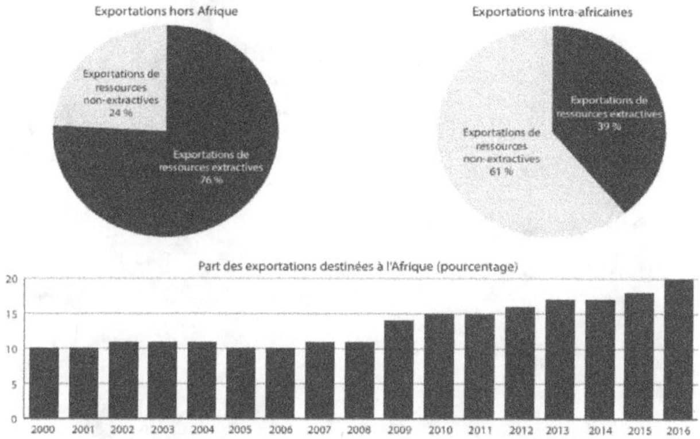

Figures I et II : Exportations de ressources extractives et non extractives. Source : Centre d'études prospectives et d'informations internationales (CEPII), Base pour l'analyse du commerce international (BACI), exportations moyennes sur trois ans (2012-2014). Les exportations de ressources extractives comprennent le pétrole, le gaz, les métaux non ferreux, les minerais métalliques et la ferraille, les fertilisants et minéraux bruts, le charbon, le coke et les briquettes, les autres métaux précieux relevant de la catégorie SH71 de la nomenclature du Système harmonisé, l'uranium et les produits ferreux de base relevant des catégories SH7201 à SH7206.

Figure III : Commerce intra-africain. Source : Direction des statistiques commerciales du Fonds monétaire international (FMI).

---

[437] Le grand risque associé à des produits comme le pétrole et les minéraux est leur volatilité. La situation budgétaire et économique d'un trop grand nombre de pays africains dépend des aléas des cours de ces produits. L'exploitation de la ZLECA pour abandonner les exportations de ressources extractives permettra d'assurer des échanges commerciaux plus durables et inclusifs et moins tributaires des fluctuations des cours des produits de base. **Voir** Centre africain pour les politiques commerciales Commission économique pour l'Afrique Avenue Menelik II, B.P. 3001, Addis-Abeba (Éthiopie) E-mail: luke@un.org l African Trade Policy Centre | United Nations Economic Commission for Africa (uneca.org).

Annexe 3 : le bol de spaghettis des communautés régionales africaines[438]

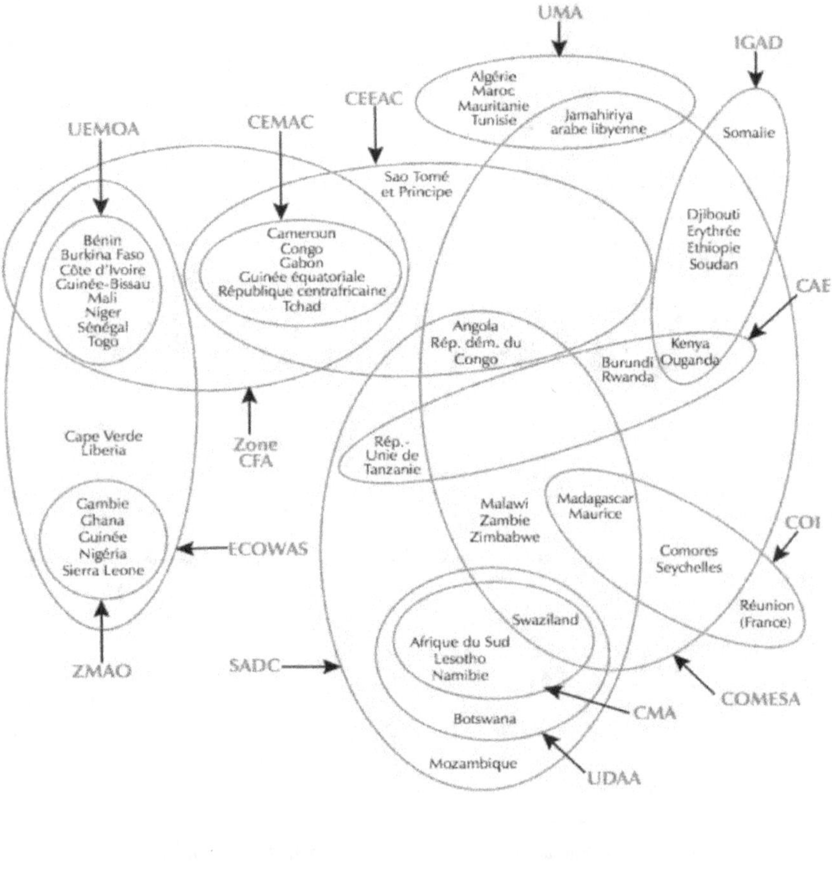

[438] Image disponible en ligne : le bol de spaghetti afrique – Recherche Google.

Annexe 4 : Tableau des ratifications de l'accord[439]

AFRICAN UNION | **UNION AFRICAINE**

الاتحاد الأفريقي | **UNIÃO AFRICANA**

Addis Ababa, ETHIOPIA P.O. Box 3243 Telephone 517 700 AU, ADDIS ABABA

LIST OF COUNTRIES WHICH HAVE SIGNED, RATIFIED/ACCEDED TO THE

AGREEMENT ESTABLISHING THE AFRICAN CONTINENTAL FREE TRADE AREA

****

LISTE DES PAYS QUI ONT SIGNE, RATIFIE/ADHERE

ACCORD PORTANT CREATION DE LA ZONE DE LIBRE ECHANGE CONTINENTALE AFRICAINE

19/04/2021

No	COUNTRY/PAYS	DATE OF/DE SIGNATURE	DATE OF/DE RATIFICATION/ ACCESSION	DATE DEPOSITED/ DATE DE DEPOT
1	Algeria	21/03/2018	-	-
2	Angola	21/03/2018	06/10/2020	04/11/2020
3	Benin	07/07/2019	-	-
4	Botswana	10/02/2019	-	-
5	Burkina Faso	21/03/2018	27/05/2019	29/05/2019
6	Burundi	02/07/2018	-	-
7	Cameroon	21/03/2018	31/01/2020	01/12/2020
8	Central African Rep.	21/03/2018	09/04/2020	22/09/2020
9	Cape Verde	21/03/2018	-	-
10	Chad	21/03/2018	29/06/2018	02/07/2018
11	Côte d'Ivoire	21/03/2018	13/11/2018	23/11/2018
12	Comoros	21/03/2018	-	-
13	Congo	21/03/2018	07/02/2019	10/02/2019
14	Djibouti	21/03/2018	05/02/2019	11/02/2019
15	Democratic Rep. of Congo	21/03/2018	-	-
16	Egypt	21/03/2018	27/02/2019	08/04/2019
17	Equatorial Guinea	21/03/2018	28/06/2019	02/07/2019
18	Eritrea	-	-	-
19	Ethiopia	21/03/2018	23/03/2019	10/04/2019
20	Gabon	21/03/2018	02/07/2019	07/07/2019
21	Gambia	21/03/2018	11/04/2019	16/04/2019
22	Ghana	21/03/2018	07/05/2018	10/05/2018

19/04/2021

No	COUNTRY/PAYS	DATE OF/DE SIGNATURE	DATE OF/DE RATIFICATION/ ACCESSION	DATE DEPOSITED/ DATE DE DEPOT
49	Eswatini	21/03/2018	21/06/2018	02/07/2018
50	Tanzania	21/03/2018	-	-
51	Togo	21/03/2018	09/01/2019	02/04/2019
52	Tunisia	21/03/2018	07/09/2020	27/11/2020
53	Uganda	21/03/2018	20/11/2018	09/02/2019
54	Zambia	10/02/2019	28/01/2021	05/02/2021
55	Zimbabwe	21/03/2018	25/04/2019	24/05/2019
	Total countries : 55	**of signature : 54**	**of ratification : 36**	**of deposit : 36**

Note

- Adopted BY THE 10th EXTRAORDINARY SESSION OF THE ASSEMBLY IN KIGALI, RWANDA, ON 21st MARCH 2018
- ENTERED INTO FORCE ON 30th MAY 2019

[439] Site officiel de l'UA https://au.int/fr/websites.

Annexe 5 : Accord portant création de la Zone de Libre-échange Continentale Africaine

PRÉAMBULE

Nous, États membres de l'Union africaine,

DÉSIREUX de mettre en œuvre la décision (Assembly/AU/Dec.394(XVIII) de la Conférence des chefs d'État et de gouvernement, adoptée au cours de sa dix-huitième session ordinaire tenue les 29 et 30 janvier 2012 à Addis-Abeba (Éthiopie), relative au cadre, à la Feuille de route et à l'Architecture concernant l'accélération de la création rapide de la Zone de libre-échange continentale africaine et au Plan d'action pour la stimulation du commerce intra-africain.

CONSCIENTS du lancement des négociations en vue de la création d'une Zone de libre-échange continentale visant à intégrer les marchés africains conformément aux objectifs et principes énoncés dans le Traité d'Abuja lors de la vingt-cinquième session ordinaire de la Conférence des chefs d'État et de gouvernement de l'Union africaine tenue à Johannesburg (Afrique du Sud) les 14 et 15 juin 2015 [Assembly/AU/Dec. 569(XXV)] ;

DÉTERMINÉS à renforcer nos relations économiques en nous appuyant sur nos droits et obligations respectifs en vertu de l'Acte constitutif de l'Union africaine de 2000, du Traité d'Abuja et, le cas échéant, de l'Accord de Marrakech de 1994 portant création de l'Organisation mondiale du commerce;

TENANT COMPTE des aspirations énoncées dans l'Agenda 2063 visant à créer un marché continental avec la libre circulation des personnes, des capitaux, des marchandises et des services, qui sont essentiels pour le renforcement de l'intégration économique, la promotion du développement agricole, la sécurité alimentaire, l'industrialisation et la transformation structurelle économique ;

CONSCIENTS de la nécessité de créer un marché élargi et sécurisé pour les marchandises et les services des États parties grâce à une infrastructure adéquate et à la réduction ou à l'élimination progressive des barrières tarifaires et à l'élimination des barrières non tarifaires au commerce et à l'investissement ;

CONSCIENTS ÉGALEMENT de la nécessité d'établir des règles claires, transparentes, prévisibles et mutuellement avantageuses pour régir le commerce des marchandises et des services, la politique de concurrence, l'investissement et la propriété intellectuelle entre les États parties, en résolvant les problèmes posés par les régimes commerciaux multiples et qui se chevauchent afin d'assurer la cohérence des politiques, notamment dans les relations avec les parties tierces ;

RECONNAISSANT l'importance de la sécurité internationale, de la démocratie, des droits de l'homme, de l'État de droit et de l'égalité de genres pour le développement du commerce international et de la coopération économique ;

RÉAFFIRMANT le droit des États parties de règlementer sur leur territoire les flexibilités dont ils disposent pour poursuivre des objectifs légitimes de politique publique, y compris dans les domaines de la santé publique, de la sécurité, de l'environnement, de la moralité publique, ainsi que de la promotion et la protection de la diversité culturelle ;

RÉAFFIRMANT EN OUTRE nos droits et obligations réciproques existants, en vertu d'autres accords auxquels nous sommes parties ; et

RECONNAISSANT que les Zones de libre-échange des Communautés économiques régionales (CER), servent de piliers, à la création de la Zone de libre-échange continentale africaine (ZLECAf) ;

SOMMES CONVENUS DE CE QUI SUIT :

(…)

DEUXIÈME PARTIE

CRÉATION, OBJECTIFS, PRINCIPES ET CHAMP D'APPLICATION

Article 2 : Création de la Zone de libre-échange continentale africaine

Il est créé une Zone de libre-échange continentale africaine, ci-après

dénommée « ZLECAf ».

Article 3 : Objectifs généraux

Dans ses objectifs généraux, la ZLECAf vise à :

(a) créer un marché unique pour les marchandises et les services facilité par la circulation des personnes afin d'approfondir l'intégration économique du continent africain et conformément à la vision panafricaine d'une « Afrique intégrée, prospère et pacifique » telle qu'énoncée dans l'Agenda 2063 ;

(b) créer un marché libéralisé pour les marchandises et services à travers des cycles successifs de négociations ;

(c) contribuer à la circulation des capitaux et des personnes physiques et faciliter les investissements en s'appuyant sur les initiatives et les développements dans les États parties et les CER ;

(d) poser les bases de la création d'une union douanière continentale à un stade ultérieur;

(e) promouvoir et réaliser le développement socio-économique inclusif et durable, l'égalité de genres et la transformation structurelle des États parties ;

(f) renforcer la compétitivité des économies des États parties aux niveaux continental et mondial ;

(g) promouvoir le développement industriel à travers la diversification et le développement des chaînes de valeurs régionales, le développement de l'agriculture et la sécurité alimentaire ; et

(h) résoudre les défis de l'appartenance à une multitude d'organisations qui se chevauchent, et accélérer les processus d'intégration régionale et continentale.

Article 4 : Objectifs spécifiques

Aux fins de la réalisation des objectifs énoncés à l'article 3, les États parties :

(a) éliminent progressivement les barrières tarifaires et non-tarifaires au commerce des marchandises ;

(b) libéralisent progressivement le commerce des services ;

(c) coopèrent en matière d'investissement, de droits de propriété intellectuelle et de politique de concurrence ;

(d) coopèrent dans tous les domaines liés au commerce;

(e) coopèrent dans le domaine douanier et dans la mise en œuvre des mesures de facilitation des échanges ;

(f) établissent un mécanisme de règlement des différends

'''concernant leurs droits et obligations ; et

(g) établissent et maintiennent un cadre institutionnel de mise en œuvre et de gestion de la ZLECAf.

Article 5 : Principes

La ZLECAf est régie par les principes suivants :

(a) action conduite par les États membres de l'Union africaine ;

(b) les Zones de libre-échange (ZLE) des CER comme piliers de la

ZLECAf ;

(c) géométrie variable ;

(d) flexibilité et traitement spécial et différencié ;

(e) transparence et diffusion de l'information ;

(f) préservation des acquis ;

(g) traitement de la nation la plus favorisée (NPF) ;

(h) traitement national ;

(i) réciprocité ;

(j) libéralisation substantielle ;

(k) consensus dans la prise de décision ; et

(l) prise en compte des meilleures pratiques au sein des CER et dans le cadre des conventions internationales applicables à l'Union africaine.

Article 6 : Champ d'application

Le présent Accord régit le commerce des marchandises, le commerce des services, les investissements, les droits de propriété intellectuelle et politique de concurrence.

(...)

TROISIÈME PARTIE

ADMINISTRATION ET ORGANISATION

Article 9 : Cadre institutionnel de mise en œuvre de la ZLECAf

Le cadre institutionnel pour la mise en œuvre, l'administration, la facilitation, le suivi et l'évaluation de la ZLECAf comprend les organes suivants :

(a) la Conférence ;

(b) le Conseil des ministres ;

(c) le Comité des hauts fonctionnaires du commerce ; et

(d) le Secrétariat ;

(...)

Article 22 : Adoption, signature, ratification et adhésion

1. Le présent Accord est adopté par la Conférence.

2. Le présent Accord est ouvert pour signature et ratification ou adhésion, aux États membres de l'UA, conformément à leurs législations nationales respectives.

Article 23 : Entrée en vigueur

1. Le présent Accord et les Protocoles sur le commerce des marchandises, le commerce des services, les règles et procédures relatives au règlement des différends entrent en vigueur trente (30) jours après le dépôt du vingt-deuxième (22ème) instrument de ratification.

Bibliographie

I. Conventions Internationales

Au niveau International

- Charte des Nations Unies de 1945.
- Convention de Vienne sur le droit des traités 1969.
- La convention internationale pour la répression des actes terroristes nucléaires 2005.
- La convention internationale pour la répression du financement du terrorisme 1999.
- La convention internationale sur la répression du terrorisme à l'explosif 1997.
- Pacte international relatif aux droits économiques, sociaux et culturels, New York, 16 décembre 1966.

Au niveau régional

- Accord de Libre-échange Nord-Américain de 1994.
- Accord portant création de la Zone de Libre-échange Continentale Africaine.
- Accord portant création de l'IGAD de 1996.
- Acte constitutif de l'UA 11 Juillet 2000.
- Acte Constitutif de l'Union Africaine de 2000.
- La charte de l'OUA 1963.
- Le Traité de Rome de 1957.
- Le Traité révisé sur l'UE de 2007.
- Traité créant la CEN-SAD de 1998.
- Traité créant la SADC entré en vigueur en 1993.
- Traité créant le COMESA en 1981.
- Traité d'Abuja créant la Communauté Economique Africaine de 1994.
- Traité de la CEMAC de 1994.
- Traité de la Communauté économique des Etats de l'Afrique de l'Ouest 1975.
- Traité instituant l'UEMOA.
- Traité pour l'établissement du traité de l'Afrique de l'Est version révisée de 2007.
- Traité révisé de la CEDEAO de 1995.
- Traité révisé de la CEEAC du 18 Décembre 2019.
- Traité révisé de la Communauté Economique et Monétaire de l'Afrique Centrale (CEMAC) Traité du 16 mars 1994, révisé le 25 juin 2008.
- Traité signé à Marrakech instituant l'UMA de 1989.
- Traité sur l'Union Européenne de 1992.

II. Jurisprudence

Jurisprudence internationale

- CIJ, *affaire des plateformes pétrolières* (République islamique d'Iran c. Etats-Unis d'Amérique), 12 Décembre 1996.
- Arrêt du 12 décembre 1934, CPJI, *Affaire Oscar Chin*, Série A/B63.
- CIJ, *affaire des plateformes pétrolières* (République islamique d'Iran c. Etats-Unis d'Amérique), 12 Décembre 1996.
- CIJ, *Réparation des dommages subis au service des nations unies,* avis consultatif du 11 Avril 1949.
- *Affaire du Lotus*, arrêt, CPJI, Recueil 1927, Série A, n°10.
- CPJI, 30 août 1924, *Grèce c. Grande-Bretagne, Rec. CPJI Série* A, n°2.
- CIJ, *affaires des activités militaires et paramilitaires au Nicaragua* et contre celui-ci, Nicaragua c. Etats-Unis d'Amérique, Rec. 1986.
- CIJ, *Activités armées sur le territoire du Congo* (RDC c. Rwanda), arrêt du 3 février 2006.
- *Affaire du vapeur Wimbledon*, arrêt, CPJI, Recueil 1923, série A, n°1, p. 25.

Jurisprudence régionale

- CJCE, *Aff. Koster* 25/07, du 17 Déc., 1970.
- CJCE, *Aff. Simmental 106/77* du 9 mars 1978.
- CJCE, avis 1/94 dit « OMC », du 15 novembre 1994, Rec., 1994, p. I-5420 & 108.

OMC affaires

- DS27, *Communautés européennes — Régime applicable à l'importation, à la vente et à la distribution des bananes*, 25 septembre 1997.

III. Actes d'organisations Internationales

- Assembly/AU/Dec. 394 (XVIII).
- Assembly/AU/Dec.394(XVIII).
- Assembly/AU/Decl.1-6(XXV) Assembly/AU/Res.1(XXV).

- Conférence des chefs d'Etat et de Gouvernement de l'OUA, 35ème Session ordinaire, OUA Doc. AHG/Dec.140 (XXXV).

- CSNU, Résolution 1566, 2004.
- Décision Assembly/AU/Dec.394(XVIII).

- Décision Assembly/AU/Dec.569-587(XXV) ;

- Déclaration de Syrte du sommet de l'OUA, 9 Septembre 1999.

- Document Assembly/AU/2(XVIII),

- Document Assembly/AU/2(XVIII),

- Document Assembly/AU/2(XVIII).

- La Déclaration de l'OIT relative aux principes et droits fondamentaux au travail et son suivi, adoptée en 1998.

- Les documents préparatoires de l'Assembly/AU/2(XVIII) de 2012, complété par le document **Afrique Renouveau**, *Le commerce en Afrique : une affaire inachevée*, publié en Août 2014 disponible sur AfriqueRenouveau | Informations et analyses sur l'Afrique en direct de l'ONU (un.org).

IV. Ouvrages

Dictionnaires

- ✓ Alain BRUNO et Christian ELLEBOODE, *Dictionnaire d'économie et de sciences sociales*, Ellipses, 2010.

- ✓ Bertrand BADIE, Pierre BIRNBAUM et Philippe BRAUD, *Dictionnaire de la science politique et des institutions politiques*, 6e Edition, Armand Colin, 2015.

- ✓ Cathérine P., Fabien B., Pierre O., Charlotte D., Jean-Louis H., Marie-France H., Antoine J., *Dictionnaire juridique*, 3e Edition, Bruylant Collection paradigme, 2020.

- ✓ Gérard CORNU, *Vocabulaire Juridique*, 13e Edition Puf mise à jour de 2020.

- ✓ Jean SALMON, *Dictionnaire de Droit International Public*, Edition Bruylant Bruxelles, 2001.

- ✓ Pascal CHAIGNEAU, *Dictionnaire des Relations Internationales*, Economica, 1998.

Ouvrages sur la Méthodologie de Recherche

⇒ Madeleine GRAWITZ, *Méthodes des sciences sociales*, 11e éd., Paris, Dalloz, 2001.

⇒ Olivier CORTEN, *Méthodologie du Droit International Public*, Editions de l'Université de Bruxelles, 2017.

Ouvrages à portée générale

- Aristide Briand REBOAS, *Terrorisme et mutations géostratégiques en Afrique*, L'Harmattan, 2021.
- Carlo SANTULLI, *Droit du Contentieux international*, 2e Ed. LGDJ, 2015.
- Catharine TITI, *Droits de l'homme et droits international économique*, Ed. Bruylant, 2019.
- CHEVALLIER, Jacques. Propos introductif In : *Mutations de l'État et protection des droits de l'homme* [en ligne]. Nanterre : Presses universitaires de Paris Nanterre, 2007 (généré le 18 mai 2021), p. 4-6. Disponible sur Internet : <http://books.openedition.org/pupo/1382>. ISBN : 9782821826717. DOI : https://doi.org/10.4000/books.pupo.1382.
- Diez de VELASCO VALLEJO (M.), *Les organisations Internationales*, Economica, 2002.
- Dominique CARREAU, Patrick JUILLARD, *Droit International Economique*, LGDJ, 6e Edi., 2017.
- Dominique CARREAU, Patrick JUILLARD, *Droit International Economique*, LGDJ, 4e Edi., 1998.
- Fatsah Ouguergouz, *La charte africaine des droits de l'homme et des peuples*, New edition [online]. Genève: Graduate Institute Publications, 1993 (generated 25 mai 2021). Available on the Internet: <http://books.openedition.org/iheid/2184>. ISBN: 9782940549375. DOI: https://doi.org/10.4000/books.iheid.2184.
- Georges Scelle, *Manuel élémentaire de droit international public*, Paris, 1943.
- Guy-Fleury NTWARI, *l'Union Africaine et la promotion de la paix, de la sécurité et de la stabilité en Afrique*, Helbing Lichtenhanhn, Bâle, 2017.
- Hugon (dir.), *Les économies en développement à l'heure de la régionalisation*, Karthala, Paris, 2003.

- Jacques BEGUIN, Michel MENJUCQ, *Droit du Commerce International*, 3e Editions Lexis Nexis, 2019.
- Jean COMBACAU, Serge SUR, *Droit International Public*, LGDJ, Lextenso 13e éditions, 2019.
- Jean JACQUES ROCHES, *Relations Internationales*, 8e Edition LGDJ, 2018.
- Mutoy MUBIALA, *Le système régional africain de protection des droits de l'homme*, Ed. Bruylant, 2005.
- Paul TAVERNIER, *Regards sur les droits de l'Homme en Afrique*, Ed. L'Harmattan, 2008.
- Pierre Marie-DUPUY, Yann KERBRAT, *Droit International Public*, 13e Edition Dalloz, 2016.
- Raphaële RIVIER, *Droit International Public*, 2e Ed. Thémis Puf, 2012.
- REUTER (P.), *Droit International Public*, 6e éd., Paris, PUF, 4e Ed., 1983.

Ouvrages spécialisés

- Abdoul SALAM BELLO, *La régionalisation en Afrique : essai sur le processus d'intégration et de développement*, Edition L'Harmattan, 2017.
- ABDULQAWI A. YUSUF et FATSAH OUGUERGOUZ, *L'union Africaine : cadre juridique et institutionnel*, Edition A. Pedone.
- Alhousseini MOULOUL, *L'intégration économique et juridique en Afrique*, L'Harmattan, 2017.
- B. Boutros-Ghali, *L'organisation de l'Unité africaine*, Paris A. Colin Collection U, séries Institution internationales, 1969.
- Blaise TCHIKAYA, *Droit de l'Union Africaine, principes, institutions et jurisprudences*, LGDJ, Lextenso éditions, 2019.
- Catherine FLAESCH-MOUGIN et Joël LEBULLENGER, *Regards croisés sur les intégrations régionales : Europe, Amériques, Afrique*, Bruylant Bruxelles, 2010.
- FranKlin DEHOUSSE, Philippe VINCENT, *Les Règles d'origine de la communauté Européenne*, Bruylant Bruxelles, 1999.
- Guy MVELLE, *Intégration et coopération en Afrique : la difficile rencontre possible entre les théories et les faits*, L'Harmattan, 2014.

➔ GUY Mvelle, *Intégration et coopération en Afrique*, L'Harmattan, 2014.

➔ Joseph MBITA, *L'Afrique face aux accords de partenariat économique avec l'Europe*, L'Harmattan, 2014.

➔ Joseph-Marie BIPOUN-WOUM, *Le droit international africain : problèmes généraux de règlement des conflits*, Paris Librairie Générale de droit et de jurisprudence, 1970.

➔ Matthieu FAU-NOUGARET, *La concurrence des organisations régionales en Afrique*, L'Harmattan, 2012.

➔ Mwayila TSHIYEMBE, *Régionalisme et problèmes d'intégration économique*, Edition L'Harmattan, 2012.

➔ Ralph H. Folsom, *Accord de libre-échange Nord-Américain*, Ed. Pedone, 2004.

➔ Saidou NOUROU TALL, *Droit des organisations internationales africaines*, L'Harmattan, 2015.

➔ Togba ZOGBELEMOU, *Droit des organisations d'intégration économique en Afrique (CEDEAO, CEMAC, UEMOA, ZMAO)*, L'Harmattan, 2014.

➔ Togba ZOGBELEMOU, *Droit des organisations d'intégration économique en Afrique* (CEDEAO-CEMAC-UEMOA-ZMAO), L'Harmattan, 2014.

V. Thèses et mémoires

▪ Charline PUTTI, *Les obligations internationales des états en matière de droits économiques, sociaux et culturels : L'édification d'un régime obligataire spécifique aux droits à réalisation progressive*, Thèse pour le doctorat en droit public, le 14 février 2020 à l'Université AIX-MARSEILLE, p. 1.

▪ Kader STÉPHANE DABIRÉ dans, *Le panafricanisme : analyse de l'histoire d'un mouvement Fédéraliste*, Mémoire présenté comme exigence partielle de la maitrise en science politique, Université du Québec à Montréal, Avril 2017, P.112. Disponible sur https://archipel.uqam.ca/9929/1/M15044.pdf.

▪ Ricardo GARCIZ DE LA ROSA, *Régionalisme économique et zone de libre-échange des Amériques (ZLEA)*, Thèse de doctorat, Université Jean Moulin Lyon 3, Faculté de Droit, 2008.

VI. Articles scientifiques

○ Abdelhak BASSOU, « l'Etat, les frontières et le terrorisme au sahel : cas du G5 sahel », Policy Brief, Octobre 2017, PB-17/33. Disponible sur : https://www.policycenter.ma/sites/default/files/OCPPC-PB1733.pdf.

- Ahmed MAHIOU « La Communauté économique africaine », In : Annuaire français de droit international, volume 39, 1993.
- Ahmed MAHIOU, « La Communauté économique africaine », In : Annuaire français de droit international, volume 39, 1993.
- Ahmed MAHIOU, « Le cadre juridique de la coopération Sud-Sud Quelques expériences ou tentatives d'intégration », RCADI, Volume 241.
- Armel SAMBO, « La cohérence des coalitions interrégionales pour lutter contre le terrorisme en Afrique subsaharienne : cas de la Force multinationale mixte de la CBLT contre la secte Boko Haram », Africa Development / Afrique et Développement, Vol. 42, No. 3, Special Issue on Security Regimes in Africa – Prospects and Challenges / Numéro spécial sur Les régimes de sécurité en Afrique – Perspectives et défis (2017).
- Arsène BRICE BADO, « L'Union Africaine et la sécurité collective », Programme Paix et Sécurité, Université de Laval, Bulletin n°58, Septembre-Octobre 2012.
- Bernard DECALUWE, Yazid DISSOU, André PATRY, « Union douanière au sein de L'UEMOA : Une analyse quantitative », Presses de Sciences Po | « Revue économique » 2001/4 Vol. 52.
- Borella FRANÇOIS, « Le régionalisme africain en 1964 », In : Annuaire français de droit international, volume 10, 1964.
- Burda JULIEN, « L'efficacité du mécanisme de règlement des différends de l'OMC : Vers une meilleure prévisibilité du système commercial multilatéral », In : Revue Québécoise de droit international, volume 18-2, 2005.
- Charles ZORGBIBE, « Régionalisme et universalisme », dans Le monde diplomatique, Juillet 1997, p. 20. Disponible en ligne : Régionalisme et universalisme, par Charles Zorgbibe (Le Monde diplomatique, juillet 1977) (monde-diplomatique.fr).
- DEBLOCK (C.), « Le régionalisme commercial. Y a-t-il encore un pilote dans l'avion ? », Revue Interventions économiques, n° 55, 2016, p. 2. Disponible en ligne : http://journals.openedition.org/interventionseconomiques/2882.
- Dr Amandine GNANGUENON, « Le rôle des Communautés économiques régionales dans la mise en oeuvre de l'Architecture africaine de paix et de sécurité », DELEGATION AUX AFFAIRES STRATEGIQUES Chargé de mission Etudes Sous-direction Politique et Prospective de défense, Octobre 2010.

- ECHINARD (Y.) et GUILHOT (L.), « le « Nouveau régionalisme » de quoi parlons-nous?, AFRI, Vol. VIII, 2007.
- Francis SAUDUBRAY, « Les vertus de l'intégration régionale en Afrique », De Boeck Supérieur | « Afrique contemporaine », 2008/3 n° 227.
- François SEIGNALET-MAUHOURAT, « La valeur juridique des préambules des ordonnances royales », Revue historique de droit français et étranger (1922-), AVRIL-JUIN 2006, Vol. 84, No. 2 (AVRIL-JUIN 2006).
- Ghassen BOUSLAMA « Les Sukuk souverains : une réelle alternative pour le financement des infrastructures en Afrique subsaharienne ? », Dans Revue d'économie financière 2019/4 (N° 136).
- Hans H. HALLER, Yannis M. IOANNIDES, « Propaedeutics of strategic theories of economic integration », Economics Letters 70 (2001) 215–221.
- Ibtissam BAHMANE, « Les Communautés Economiques Régionales en Afrique », une présentation au 6th International Conference on Economics and Management of Networks 21-23 November 2013, Agadir – Morocco.
- Idrissa YAYA DIANDY | Alioune Badara Seck, « Infrastructures physiques et croissance économique en Afrique de l'Ouest : Le rôle des institutions », African development Review, 03/2021, Volume 33, Numéro 1.
- James MOUANGUE KOBILA, « Bilan de la libre circulation des personnes en Afrique », Revue Interventions économiques [En ligne], Hors-série. Transformations | 2017, mis en ligne le 01 mars 2017, consulté le 02 mai 2021. URL : http://journals.openedition.org/interventionseconomiques/5815 ; DOI : https://doi.org/10.4000/interventionseconomiques.5815.
- Joost PAUWELYN HEI, « Legal Avenues to "Multilateralizing Regionalism": Beyond article XXIV », Paper presented at the Conference on Multilateralising Regionalism Sponsored and organized by WTO - HEI Co-organized by the Centre for Economic Policy Research (CEPR) 10-12 September 2007 Geneva, Switzerland.
- Kinde DAMSOU, « La zone de libre-échange continentale : réflexions sur les droits de l'homme en Afrique », Thinking Africa, note d'analyse politique, NAP n° 77 – août 2019.

- Laurence-Aida AMMOUR, « La lutte contre le terrorisme en Afrique : acte de bienveillance ou prétexte stratégique ? » Presses universitaires de Montréal (Canada), 2019. Disponible en ligne sur https://www.academia.edu/40355877/La_lutte_contre_le_terrorisme_en_Afrique_extrait_.

- M. VIRALLY, « Les relations entre organisations régionales et organisations universelles », Régionalisme et universalisme dans le droit international contemporain, op.cit., pp.147-165, spéc.p.148. Disponible en ligne : https://www.sfdi.org/wp-content/uploads/2014/10/Virally-M.-Les-relations-entre-organisations-r%C3%A9gionales-et-organisations-universelles.pdf.

- Mathieu CARDON, « Les accords de partenariat économique », Colloque de la SFDI, 2015.

- Mohammed BEDJAOUI, « Le règlement pacifique des différends africains », Annuaire français de droit international, volume 18, 1972.

- Pacifique MANIRAKIZA, « La protection des droits de l'homme à l'ère de L'industrie extractive en Afrique », Published by : Presses de l'Université de Montréal, criminologie, 2016, Vol. 49, No. 2, Criminalité environnementale (2016).

- Patrick DAILLIER Professeur en droit international, Université de Paris-X Nanterre, France, « Universalisme et régionalisme », p. 5. Disponible en ligne : Daillier.DEF.doc (oas.org).

- R. J. DUPUY, « Le droit des relations entre les organisations internationales », RCADI, 1960.

- Richard PHILIPPE, « Droit de l'extradition et terrorisme. Risques d'une pratique incertaine : du droit vers le non-droit », In : Annuaire français de droit international, volume 34, 1988.

- Simon-Pierre ZOGO NKADA, « La libre circulation des personnes : réflexions sur l'expérience de la c.e.m.a.c. et de la c.e.d.e.a.o. », De Boeck Supérieur | « Revue internationale de droit économique » 2011/1 t.XXV |

VII. Articles de presse

- [Tribune] Sommet de l'UA : pour une nouvelle ère de coopération africaine, 09 février 2019 à 10h57 | Par Madeleine Albright et Mohamed Benaissa.

- B. BEN YAMED, « Kadhafi, visage de l'Afrique », Jeune Afrique, n° 2509 du 14 février 2009.

- JeuneAfrique, politique économique, « Zlecaf : les pays africains ne sont pas prêts », 07 janvier 2021 à 10h31 | Par David Pilling. Disponible en ligne sur : https://www.jeuneafrique.com/1099588/economie/zlecaf-les-pays-africains-ne-sont-pas-prets/.

- Jeune Afrique [Tribune] « La mise en œuvre de la Zleca est la vraie réponse à la crise », 06 août 2020 à 10h51 |Par Sophonie Koboude. Lien https://www.jeuneafrique.com/1024061/economie/tribune-la-mise-en-oeuvre-de-la-zleca-est-la-vraie-reponse-a-la-crise/.
- Jeune Afrique, « Classement : les meilleurs projets d'infrastructures d'Afrique », | 21 juin 2018 à 15h42 | Par Frédéric Maury.

- Jeune Afrique, « Justice : quand les États tournent le dos à la Cour africaine des droits de l'homme » | 07 mai 2020 à 18h16 | Par Matthieu Millecamps et Marième Soumaré. Mis à jour le 07 mai 2020 à 18h30.
- Jeune Afrique, 10 février 2020 à 16h46 | Par Mathieu Olivier Mis à jour le 10 février 2020 à 16h56.

- Jeune Afrique « Objectif janvier 2021 pour la Zone de libre-échange continentale », publié le 12 juin 2020 à 11h03 | Par Estelle Maussion.

VIII. Autres documents

- *A brief introduction to the history of Trade in Africa*, see Loana Lungu Marion Jabot, Creating One Africa Market, Published by Deutsche Gesellschaft für Internationale Zusammenarbeit (GIZ) GmbH, **Document n°6** consultable sur le site https://www.africatradeagreements.tn/fr/webinaire?fbclid=IwAR1CB8jTsiGWxJ8RJYR4kbzVoHOxtpH7gTWoIhN0GgKnVvcrCiWF1IYxGgI.

- Agenda 2063 « l'Afrique Que Nous Voulons », Commission de l'Union Africaine, Edition Finale d'Avril 2015.
- Commission de l'Union Africaine, Plan stratégique 2009-2012, Addis Ababa, 19 mai 2009, p.22. Disponible en ligne : http://www.au.int/en/sites/default/files/Plan_Strategique_2009_2012.pdf.

- Document "Creating one African Market", Published by Deutsche Gesellschaft für Internationale Zusammenarbeit (GIZ) GmbH, On behalf of German Federal Ministry for Economic Cooperation and Development (BMZ) Addis Ababa, October 2020, *op. cit.*, p. 21. Available online :

  https://www.africatradeagreements.tn/fr/webinaire?fbclid=IwAR1CB8jTsiGWxJ8RJYR4kbzVoHOxtpH7gTWoIhN0GgKnVvcrCiWF1IYxGgI.

- Document « Les infrastructures africaines : un potentiel considérable, mais un impact limité sur la croissance équitable », p. 71. Disponible sur Perspectives_Economiques_en_Afrique_2018_-_fr_Chapitre3.pdf.
- Document sur la Journée d'intégration africaine, disponible sur le site de l'UA : 7 juillet 2020. Journée de l'intégration Africaine. Brochure sur la commermoration de la journée de l'integration Africaine (au.int).
- OMC, Rapport sur le commerce mondial 2011, « L'OMC et les accords commerciaux préférentiels : de la coexistence à la cohérence, disponible sur https://www.wto.org/french/res_f/booksp_f/anrep_f/world_trade_report11_f.pdf.
- Plan d'action du Programme minimum d'intégration (PMI) Rapport sur l'établissement des coûts Juillet 2011.
- The Document Training Module on rule of origin, published under the auspices of TradeMark Southern Africa, p. 4. Available online : Doc-rules_of_origin_training_module.pdf.

IX. Sites institutionnels

- SADC webside https://www.sadc.int/about-sadc/integration-milestones/.
- Site de l'IGAD
- Site de l'OCDE
- Site de l'ONU
- Site de l'UEMOA
- Site de l'UMA
- Site de l'Union Africaine
- Site de l'Union Européenne
- Site de la CEDEAO
- Site de la CEEAC
- Site de la CEMAC
- Site de la CEN-SAD
- Site web du COMESA, last news, press releases, Lusaka, Tuesday, April 13 2021: AfCTA, COMESA to Establish Cooperation Framework – Common Market for Eastern and Southern Africa (COMESA).

Table des matières

Structures éditoriales du groupe L'Harmattan

L'Harmattan Italie
Via degli Artisti, 15
10124 Torino
harmattan.italia@gmail.com

L'Harmattan Hongrie
Kossuth l. u. 14-16.
1053 Budapest
harmattan@harmattan.hu

L'Harmattan Sénégal
10 VDN en face Mermoz
BP 45034 Dakar-Fann
senharmattan@gmail.com

L'Harmattan Cameroun
TSINGA/FECAFOOT
BP 11486 Yaoundé
inkoukam@gmail.com

L'Harmattan Burkina Faso
Achille Somé – tengnule@hotmail.fr

L'Harmattan Guinée
Almamya, rue KA 028 OKB Agency
BP 3470 Conakry
harmattanguinee@yahoo.fr

L'Harmattan RDC
185, avenue Nyangwe
Commune de Lingwala – Kinshasa
matangilamusadila@yahoo.fr

L'Harmattan Congo
67, boulevard Denis-Sassou-N'Guesso
BP 2874 Brazzaville
harmattan.congo@yahoo.fr

L'Harmattan Mali
ACI 2000 - Immeuble Mgr Jean Marie Cisse
Bureau 10
BP 145 Bamako-Mali
mali@harmattan.fr

L'Harmattan Togo
Djidjole – Lomé
Maison Amela
face EPP BATOME
ddamela@aol.com

L'Harmattan Côte d'Ivoire
Résidence Karl – Cité des Arts
Abidjan-Cocody
03 BP 1588 Abidjan
espace_harmattan.ci@hotmail.fr

Nos librairies en France

Librairie internationale
16, rue des Écoles
75005 Paris
librairie.internationale@harmattan.fr
01 40 46 79 11
www.librairieharmattan.com

Librairie des savoirs
21, rue des Écoles
75005 Paris
librairie.sh@harmattan.fr
01 46 34 13 71
www.librairieharmattansh.com

Librairie Le Lucernaire
53, rue Notre-Dame-des-Champs
75006 Paris
librairie@lucernaire.fr
01 42 22 67 13